중국문화 한상차림

제2판

중국문화 한상차림

12가지 메뉴로 즐기는 중국문화

박민수 지음

한국문화사

중국문화 한상차림 제2판
12가지 메뉴로 즐기는 중국문화

1판 1쇄 발행　2022년　2월 25일
2판 1쇄 발행　2024년　3월　1일
2판 2쇄 발행　2024년 12월　1일

지 은 이 | 박민수
펴 낸 이 | 김진수
펴 낸 곳 | 한국문화사
등　　록 | 제1994-9호
주　　소 | 서울시 성동구 아차산로49, 404호
　　　　　(성수동1가, 서울숲코오롱디지털타워3차)
전　　화 | 02-464-7708
팩　　스 | 02-499-0846
이 메 일 | hkm7708@daum.net
홈페이지 | http://hph.co.kr

ISBN 979-11-6919-194-4　03910

· 이 책의 내용은 저작권법에 따라 보호받고 있습니다.
· 잘못된 책은 구매처에서 바꾸어 드립니다.
· 책값은 뒤표지에 있습니다.

오류를 발견하셨다면 이메일이나 홈페이지를 통해 제보해주세요.
소중한 의견을 모아 더 좋은 책을 만들겠습니다.

시작하며

  수업을 마치고 강의실을 나오던 어느 날.

학생某: 교수님, 제가 중국으로 여행을 가려고 하는데요, 얼마나 필요할까요?

박교수: 음… 예산을 얼마나 가지고 있죠?

학생某: 네?

박교수: 그러니까 중국 어디를 가려고 하죠? 며칠 정도 계획하고 있죠? 어디 항공사를 생각하는지, 항공편은 직항 아니면 경유? 혹시 크루즈 여행을 생각하고 있나요? 숙소는 호텔로 아님 사우나에서? 식사는 하루에 몇 번 어디에서 무엇을 먹을 계획인가요? 사소한 예로 한국사람들이 중국에서 그냥 무난하게 먹을 수 있는 계란 볶음밥을 먹는 다고 해보죠. 학교 근처 리어카에서는 RMB 5위안이면 됩니다. 그런데 식당으로 들어가서 주문하면 RMB 20위안, 시내 식당이나 호텔에서 주문을 하게 되면 RMB 50위안이거든요.

  저는 학생에게 조금 더 구체적으로 고민하고 계획을 세운 후에 다시 얘기하자고 했습니다.

저는 매번 중국 문화와 언어 수업을 시작하면서 학생들에게 질문을 합니다.

"혹시 나는 중국인이다. 손!", "나는 중국에서 살다 왔다. 손!", "그럼. 중국에 가 보신 분. 손!"

짐작하시겠지만 우리나라 사람들이 워낙 피동적이라 자유분방하게 자신의 의견을 내어 놓는 것에 다소 인색한 편이죠. 그럼에도 몇몇 학우들이 고맙게도 반응을 해줍니다.

저는 다시 묻습니다. "중국 어땠어요?" 저마다 한마디씩 합니다.

"중국은 더러워요", "중국사람들은 질서를 몰라요", "중국은 시끄러워요" 등등….

자, 중국으로 여행을 간다는 것이 그냥 경춘선으로 서울에서 춘천까지 가는 것과는 차원적으로 다르다는 거죠. 그리고 중국이라는 어마어마한 땅덩어리 중에서 많아야 서너 군데 돌아본 것이 전부일 텐데 마치 중국 일주를 한 것 같이 중국을 또 중국사람들을 일반화하는 것은 옳지 않다 뭐 이런 얘기를 하는 겁니다.

누군가 그랬습니다. 중국 생활 6개월이면 중국에 대해 다 안다고 생각하고, 중국 생활 1년이면 본인과 관련된 부분에 대해서만 조금 안다고 말한다고, 그리고 중국 생활 10년이면 중국에 대해서 딱히 뭐라 얘기하기 어렵다라고요.

이 책은 30여 년 정도 중국어를 공부하고 중국어를 가르치면서 경험한 저자가 중국을, 중국 사람을, 그 사람들의 언어와 문화를 궁금해하고 이해하려는 사람들에게 조금이나마 도움이 되었으면 하는 바람으로 정리한 내용들입니다.

차례

Chapter 1. 중국에 대한 기초적인 이해(1)   13
   1   세상의 중심?   14
   2   그냥 고기만   17
   3   중국발 교포들   21
   4   넓은 땅, 풍부한 자원   24

Chapter 2. 중국문화에 대한 기초적인 이해(2)   29
   5   우리 빼고 다 오랑캐   30
   6   민증에 민족 표기, 실화임?   33
   7   바이러스를 잡는 건 바이러스   35
   8   모로 가도 가면 그만   39
   9   중국의 혁신코드 산자이   41

Chapter 3. 문자와 문화   47
   10   한자를 만든 사람   48
   11   글자를 거북이 껍데기에?   50
   12   한자의 제작과 운용   53
   13   알파벳과 한자   55
   14   글자도 다이어트?   57

Chapter 4. 언어와 문화　　　　　　　61

　15　중국어　　　　　　　　　　　62
　16　만다린이 뭐야?　　　　　　　65
　17　사투리　　　　　　　　　　　67
　18　넌 행복하니?　　　　　　　　69
　19　코카콜라　　　　　　　　　　73

Chapter 5. 색과 문화　　　　　　　　77

　20　토마토달걀볶음　　　　　　　78
　21　중국은 노랑이 19금?　　　　　80
　22　마지막 황제　　　　　　　　　83
　23　강물 색깔마저 노랑?　　　　　86

Chapter 6. 음차·음주와 문화　　　　89

　24　티타임　　　　　　　　　　　90
　25　일상다반사　　　　　　　　　93
　26　술이 빠지면 섭섭해　　　　　96
　27　치얼스　　　　　　　　　　　98

Chapter 7. 음식 문화　　　　　　　　101

　28　금강산도 식후경　　　　　　102
　29　다 먹자고 하는 일　　　　　106
　30　동쪽이 맵게 먹는다고?　　　109
　31　양꼬치앤칭따오　　　　　　　111
　32　짜장면　　　　　　　　　　　114

Chapter 8. 숫자와 문화 — 117

- 33 행운넘버 육팔구 — 118
- 34 마흔이면 불혹 — 122

Chapter 9. 호칭·명칭과 문화 — 125

- 35 짱깨가 사장님? — 126
- 36 난 왕씨 — 129
- 37 이름이 뭐예요? — 132
- 38 아가씨 — 135
- 39 길과 거리 — 138
- 40 화장실 — 140

Chapter 10. 생활과 문화 — 145

- 41 느림의 미학 — 146
- 42 중국의 아킬레스건 — 149
- 43 금보다 황금주 — 152
- 44 꼴리는 대로 하기 — 155
- 45 울며 겨자먹기 — 157
- 46 선물은 쌍으로 — 160
- 47 위챗 하나로 만사 OK — 163

Chapter 11. 인간관계와 문화 — 169

- 48 모 아니면 도? — 170
- 49 시소게임 — 173

50	**물음표**	175
51	**중국진출의 핵심 키워드**	178
52	**목숨보다 중요한 것**	181

Chapter 12. 명소와 문화   185

  53 **우리나라 사람들이 좋아하는
　　중국의 명소 TOP 9**   186

참고문헌__205

일러두기

1. 본문의 모든 한자는 현재 중국에서 쓰이는 간체자를 사용하였습니다. 예) 중화인민공화국中华人民共和国
2. 인명의 발음 표기는 1911년 신해혁명을 기준으로 삼아 그 이전의 인명은 한자 발음으로 표기하고, 그 이후의 인명은 중국어 발음으로 표기하였습니다. 예) 주원장朱元璋 / 시진핑习近平
3. 중국 지명 표기는 중국어 발음으로 표기하는 것을 원칙으로 하였으나, 현재 우리가 익숙하게 사용하고 있는 일부 고유명사와 중국어발음으로는 설명이 어려운 지명은 예외적으로 한자 발음으로 표기하였습니다. 예) 베이징北京, 상하이上海 / 희토류稀土类, 남사군도南沙群岛
4. 외국 지명 표기는 이해를 돕기 위하여 영어 발음을 기준으로 표기하였습니다. 예) 新加坡-싱가포르 越南-베트남
5. 본문 내용 중 필요한 보충설명이나 관련 에피소드는 '짜사이'로 보충했습니다.

Chapter 1.
중국에 대한 기초적인 이해(1)

1
세상의 중심?

중화인민공화국中华人民共和国, 줄여서 중국中国, 수도는 베이징北京이며 최대 도시는 상하이上海, 이밖의 주요 도시로는 광저우广州, 난징南京, 시안西安, 칭다오青岛, 충칭重庆 등이 있습니다.

근대 중국에서 1911년 신해혁명으로 청나라가 무너지고 국민당 정부가 들어섰으나, 정치적 혼란이 이어지면서 각지에서 군벌 정부가 권력을 휘두르는 군벌 시대로 돌입하게 됩니다. 소련의 지원을 받으며 5·4운동의 반제국주의 강령을 중심으로 창당된 중국 공산당은 1920년 이후 세력을 급격하게 키웠고 국민당과 계속해서 내전을 벌였습니다. 중일전쟁 이후 중국 대륙의 주도권을 두고 1946년 제 2차 국·공 내전이 발발하였고, 그 결과 타이완台湾 등 일부 지역을 제외한 영역이 공산당 측으로 넘어가 1949년 마오쩌둥毛泽东을 초대 국가주석으로 하여 베이징北京에서 중화인민공화국의 성립이 선포되었습니다.

마오쩌둥을 중심으로 한 공산당정부는 대약진 운동을 펼쳤고, 문화 대혁명을 실시하여 사회주의 국가의 틀을 굳히려 했습

니다. 다만 대약진 운동이 경제 성장으로 이어지지 못해 실패하고, 문화 대혁명도 수많은 국가적, 문화적 피해와 민간인 피해를 남기게 됩니다. 이 과정에서 공산당은 사회주의의 한계를 실감하게 되었고, 덩샤오핑邓小平의 지도로 개혁·개방을 시행하면서 시장경제체제가 도입되어 자본주의 경제 체제를 받아들이게 됩니다. 덩샤오핑은 흑묘백묘론黑猫白猫论 쥐만 잘 잡으면 좋은 고양이, 즉 자본주의든 공산주의든 중국 인민을 잘 살게 하면 됨과 선부론先富论누구든지 부유해질 수 있는 사람이 먼저 부유해져라을 내세우며 광활한 영토와 막대한 인구를 바탕으로 급격한 경제성장을 이루어 냈고, 화평굴기和平崛起군사적 위협 없이 평화적으로 성장하겠다를 외교 기조로 삼아 평화로운 공존 및 팽창정책膨胀政策다른 나라를 정치적 경제적으로 예속하여 영토나 세력 또는 상품 시장을 넓히는 정책을 추구하였습니다.

중화인민공화국은 2013년 제 7대 국가주석 시진핑习近平의 집권 이후, 일대일로一带一路 35년간(2014~2049) 고대 동서양의 교통로인 현대판 실크로드를 다시 구축해, 중국과 주변 국가의 경제, 무역 합작 확대의 길을 열도록 한다는 대규모 프로젝트 전략를 기치로 삼아 비약적인 경제 발전을 이루어 내 미국에 이은 세계 2위 경제 대국으로 도약하면서 세계에서 미국 다음가는 강대국으로 떠오르게 됩니다.

짜사이

지도를 보면 한반도와 중국을 합친 모양은 마치 닭의 모양을 하고 있는 것을 볼 수 있습니다. 머리 중에서도 부리에 해당하는 부분이 한반도, 몸뚱이가 중국이죠.

먹이를 부리로 먹어야 하잖아요, 사이즈의 차이가 말도 안되게 나지만 중국과 한반도가 나름 대등한 것이 아닌가 하는 그런 느낌? 자 여기서 질문, 중국에는 당党이 공산당共产党만 있을까요? 그렇지 않습니다. 다른 당도 있어요, 물론 정치적인 목소리도 냅니다. 다만 그 의견을 받아 들이고 말고의 여부는 공산당이 결정한다고 합니다. 그러니까 공산당 외의 다른 당은 동아리, 동호회 정도라고 생각하시면 됩니다.

2

그냥 고기만

런타이뚜오人太多, 말 그대로 '사람이 너무 많다'라는 뜻입니다. 중국인들과 얘기를 나누다 보면 자주 듣게 되는 말이기도 합니다. 소설 정글만리(2013)에서는 중국을 13억 명에 13억가지 일이 일어나는 나라라고 표현하고 있는데요, 중국의 인구는 공식적으로 14억 2572만 2992명2024년 기준 입니다. 세계인구 79억명 중 15억은 중국인이니까 정말 어마어마한 숫자입니다.

이 중에서 부동산 등을 제외한 현금만 놓고 계산해서 우리나라 원화로 10억 이상의 현금 자산가가 300만 명이나 된다고 합니다. 인천시가 2016년도에 우리나라에서는 세 번째로 300만 도시가 되었으니까 그 사이즈가 정말 아찔하다고 볼 수 있겠습니다. 2015년 4월 블룸버그에서 집계한 세 세계 200대 부자들 중에서 중국인은 17명이나 됩니다. 알리바바 그룹의 마윈马云, 텐센트 그룹의 마화텅马化腾, 바이두의 리옌홍李彦宏 등이 순위에 올라있습니다. 참고로 한국인은 3명…. 어쨌거나 중국은 부자도 '런타이뚜오'인 셈입니다.

중국은 어딜 가나 사람들로 넘쳐납니다. 특히 여행 시즌에 베이징에 가면 천안문 광장에서 고궁으로 들어가는 길목엔 인파로 인산인해를 이룹니다. 사진은 중국의 여름 해수욕장의 풍경입니다. 모두가 튜브를 타고 물 속에 있지만 움직일 틈이 없는 거죠. 정말이지 물 반 고기 반도 아니고 그냥 고기만으로 넘쳐나는 것이죠. 중국은 원래부터 이렇게 인구가 많았던 걸까요? 1949년 중화인민공화국 건설 이후, 마오쩌둥은 '인구가 많으면 역량도 크다人多力量大'고 여겨 다산을 장려하였습니다. 당시 아이를 5명 이상 낳은 어머니는 '영광엄마', 10명 이상 낳으면 '영웅'의 호칭을 부여했다고 합니다. 사람이 많아야 한신 같은 지혜롭고 용맹한 인재도 나오고人多出韓信, 여러 사람이 뭉치면 그 힘이 매우 크다人众胜天는 믿음이 그만큼 강했던 것입니다.

중국의 인구조사에 따르면 1953년 5억 8천 300만 명이었던

인구는 1987년 10억 8천만명으로 증가했다고 합니다. 80년대 들어서면서 늘어난 인구 폭발을 막기 위해 한 자녀만 낳는 산아제한정책을 펼치게 되었지만 요즘은 결혼도 늦게 하는 추세고 결혼을 한다고 해도 아이없이 부부 둘이서 즐기면서 살려고 하는 사람들이 많아지는 추세입니다. 나름 충격적인 것은 중국에서는 결혼한 부부가 자유롭게 아무 때나 아이를 낳을 수 는 없다는 것입니다. 각 지방의 출생지표에 따라 한 해에 태어날 수 있는 신생아에 출생 정원이 있어서 부부들은 아이를 갖기로 결정하면 먼저 가족계획위원회에 가서 출산허가증을 받아야 하는데 이 허가증이 신청한다고해서 또 다 나오는 것도 아니라는 것이죠. 어쨌든 지금 중국은 산아제한정책이 풀린 것으로 전해집니다.

중국을 보면 확실히 인구 수가 국력과 비례함을 느낄 수 있습니다. 삶이 풍요로워진 수많은 중국인들이 고급 음식, 특히 고기를 선호하게 되자 고기 소비가 급격하게 늘어나면서 세계 육류 가격이 상승하게 됩니다. 그러면서 고기를 만드는 데 필요한 사료, 즉 곡물 가격이 덩달아 오르게 되죠. 그러니까 중국인들의 살림살이에 따라서 세계경제가 영향을 받고 있다는 것입니다.

3

중국발 교포들

화교華僑란 본국을 떠나 해외 각처로 이주하여 현지에 정착 후 경제 활동을 하면서 본국과 여러 측면에서 유기적인 연관을 유지하고 있는 중국인 또는 그 자손을 말합니다.

쉽게 말해 해외에 뿌리를 내린 중국 혈통을 지닌 사람을 뜻하는 것입니다. 해외에서 갖은 탄압을 받아오고 있기 때문에 '아시아의 유대인'이라는 별칭도 있습니다. 대부분이 서양열강과 일본이 중국에 설치한 상하이, 산둥, 베이징 등 식민지 중국에서 동남아 등으로 끌고간 한인汉人 노예들이라고 할 수 있습니다. 그 옛날 진시황의 명을 받아 불로초를 찾아 떠난 사람들이 화교의 시작이라고 합니다. 어쨌거나 화교라고 해서 모두 중국어를 잘할 수 있는 것은 아닙니다. 부모 혹은 조부모가 중국인이지만 해외에서 태어나고 자라면서 중국어가 아닌, 본인이 태어난 나라의 언어를 먼저 익혀, 중국어를 굳이 배우지 않았다면 중국어를 능숙하게 구사하긴 쉽지 않으니까요. 중국에선 아편전쟁이 발발하면서 이민을 떠나는 사람이 급증하게 됩니다.

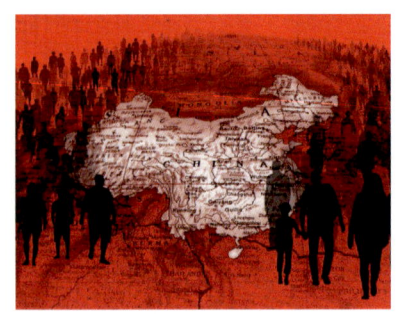
이 시기에 벌써 화교 인구가 1200만 명을 넘어섰습니다. 현재는 대략 3000만 명으로 추산합니다. 대륙별 분포를 보면 아시아 83.7%, 아메리카 9.9%, 유럽 4.9%, 오세아니아 1.2%, 아프리카 0.3%입니다. 대다수가 싱가포르, 인도네시아, 말레이시아, 베트남, 태국, 필리핀 등지에 거주하고 있습니다. 동남아시아 지역에서는 화교들의 경제력이 막강하여 심지어 한 국가의 경제계를 좌지우지하기도 한답니다. 그 지역 정치 사회에 위협을 주기도 합니다. 따라서 화교 배척 운동과 함께 화교들에게 현지 국적 취득을 강요하고, 이를 거부할 때에는 강제 출국이나 재산 몰수와 같은 강력한 정책을 추진한 나라도 있습니다. 이런 상황에서 화교들은 현지 국적을 취득하지 않을 수 없었고 그러면서도 중국 국적을 포기하지 않아 이중 국적 문제가 발생하기도 했습니다. 우리나라에도 화교가 살고 있고 90%정도가 산동성 출신인데, 중국어 교육 철저, 건전한 화교 사회 조직 유지, 직업 분포의 다양화 등 다른 지역 화교와는 구별되는 특징이 있습니다.

짜사이

넓은 의미에서 해외에 거주하는 중국사람들을 화교华侨라고 하지만 중국 국적을 유지한 채로 해외에서 경제활동을 하는 사람들을 화교, 현지 국적을 취득 한 사람들은 화인华人, 화인의 후손들은 화예华裔라고 한답니다.

4

넓은 땅, 풍부한 자원

중국의 면적은 960만㎢로 지구의 15분의 1, 아시아의 4분의 1이며 한반도의 44배입니다. 한반도의 크기가 22만㎢, 이해하기 쉽게 중국의 23개의 성省 중 하나인 산동성山东省의 크기가 15만㎢니까 대충 그 사이즈가 나오죠?

중국은 서고동저西高东低의 지형적인 특징을 가지고 있으며 산악지대가 전 국토의 약 3분의 2 이상을 차지하고 있습니다. 북쪽 경계선 흑룡강성黑龙江省에서 남쪽 경계선 남사군도南沙群岛까지 남북의 거리는 약 5,500km, 동쪽 경계선 흑룡강성에서 서쪽 경계선인 파미르고원까지 동서의 거리는 약 5,200km입니다. 아시다시피 서울에서 부산까지의 거리가 약 400km니까 중국의 면적은 실로 어마어마 합니다. 그 뿐만이 아닙니다. 경도 15도 마다 1시간의 시차가 생기니까 중국 내 동쪽 끝(동경135도)에서 서쪽 끝(동경 73도) 까지는 4시간의 시차가 생겨납니다. 물론 표준 중국의 표준시는 베이징北京시간을 기준으로 한답니다. 참고로 우리나라와 중국은 1시간의 시차가 있답니다.

　중국과 접경하고 있는 나라도 북한, 러시아, 몽골, 카자흐스탄, 키르키스탄, 타지키스탄, 아프카니스탄, 파키스탄, 인도, 네팔, 부탄, 미얀마, 라오스, 베트남 등 무려 14개국이나 됩니다.

　중국 23개의 성省은 각각의 성마다 성도省都가 있습니다. 예를 들면 요녕성辽宁省의 성도는 심양沈阳인 것처럼 말입니다. 그리고 내몽고자치구内蒙古自治区, 영하회족자치구宁夏回族自治区, 광서장족자치구广西壮族自治区, 서장티벳족자치구西藏藏族自治区, 신강위구르족자치구新疆维吾尔自治区 등 5개의 소수민족 자치구와 홍콩, 마카오 등 2개의 특별행정자치구가 있습니다.

　광활한 대륙이 중국에게 준 선물 중 하나는 풍부한 지하자원입니다. 내몽고자치구의 바이윈어보白云鄂博광산은 미래산업으로 떠오른 전기자동차의 핵심 원료인 희토稀土류 최대 생산 지역입니다. 미국지질조사국 통계에 따르면 현대 산업의 필수요소로 떠오른 희토류의 95%가 중국에서 생산된다고 합니다. 또한 세계 희토류의 종류가 15~16가지에 이르는데 중국만이 유

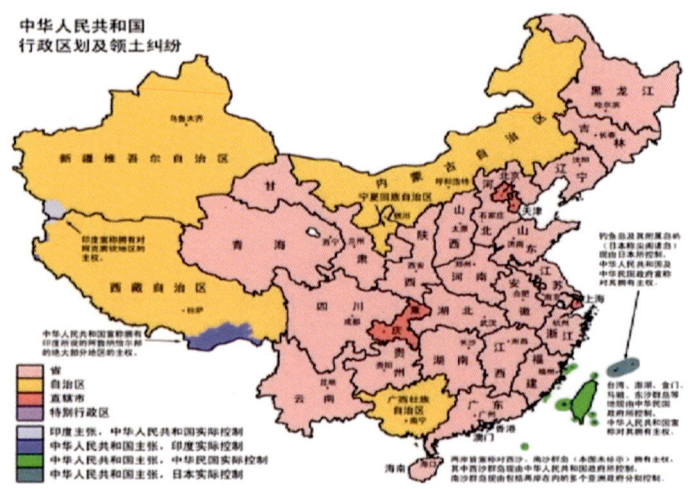

일하게 모든 종류를 확보하고 있다고 합니다.

중국은 희토류와 더불어 반도체 탄약 방화제 등에 쓰이는 광물 안타모니, 티타늄, 흑연 등 최소 10종의 광물자원 생산국 1위를 차지하고 있습니다. 또한 중국은 수많은 지하자원과 더불어 세계 3위에 이르는 석유매장국이기도 합니다.

우리가 주목해야 할 것은 중국이 이러한 같은 자원무기들을 활용해 새로운 형태의 경제효과를 창출해내고 이것은 국가의 힘으로 연결되고 있다는 것입니다.

질문. 중국인들은 개인이 토지를 소유할 수 있을까요? 없습니다. 토지는 국가 소유이며 사람들은 건물만을 소유할 수 있다. 그 건물은 모두 서로 다른 유효기간도 존재합니다. 그래서인지 자국에서는 채울 수 없는 토지에 대한 소유욕이 한국으로 넘어온 것은 아닐까 생각해봅니다. 2021년도 자료에 따르면 중국인들의 국내 토지 보유량은 10년 새 16배가 증가했습니다. 토지 면적으로 따지면 1630만 ㎡로 제주도 면적의 89% 정도라고 볼 수 있습니다.

Chapter 2.
중국문화에 대한 기초적인 이해(2)

5
우리 빼고 다 오랑캐

중국사람들의 특징 중 하나는 "우월감"이라고 볼 수 있는데요, 우리는 그것을 가리켜 중국사람들의 대국 의식이라고 합니다. 중국 사람들의 이러한 우월감은 고대 중화사상에 기초하고 있답니다. 중화사상은 세계에서 중국문화가 최고이며 중국을 중심으로 하여 모든 것이 이루어진다는 중국의 민족사상으로 화이사상华夷思想이라고도 합니다. 중화中华 이외에는 이적이라 하여 북쪽은 적狄, 동쪽은 이夷, 서쪽은 융戎, 남쪽은 만蛮이라 천시하고 배척했습니다.

재미있는 것은 중국 역사를 살펴보면, 최초로 제국을 이루었던 진秦은 서쪽 변방의 오랑캐였고, 수隋와 당唐의 왕실은 북방의 선비족이었으며, 원元은 몽골족, 청淸은 여진족입니다. 거기에다 송宋 왕조는 남방 또는 이란계 혈통이라는 설도 있습니다. 여하튼 중국역사에서 이민족의 통치 기간은 한족의 통치기간보다 훨씬 길었다는 것을 알 수 있습니다.

중화라는 표현은 적어도 '중화민국中华民国'이라는 국호를 사

용한 20세기 이후에 생겨난 것이라고 봐야 할 것입니다. 왜냐하면 그 전에는 송국, 원국, 청국 등으로 불렀으니까요…. 우리는 어쩌면 중화사상이라는 말이 마치 오랜 역사를 가지고 있는 것처럼 착각하고 있는지도 모르겠습니다.

그러면 중화사상은 정말로 중국인들의 우월감을 드러내는 표현일까요? 중국은 이민족이 통치할 때 개방과 포용으로 세계만방에 국력을 과시하지만, 한족중심주의를 내세울 때 잦은 외침으로 국력이 쇠약하다 예외 없이 이민족의 통치를 불렀었습니다. 이를 보면, 중화사상이란 중화민족의 자부심 보다는 오랜 이민족의 지배에 대한 반발심과 굴욕감을 드러내는 말이라고 보는 것이 맞지 않을까 생각해봅니다.

짜사이

공자 학원이 일종의 스파이 기관 역할을 하고 있고 정치적인 목적으로 사용되고 있다는 얘기가 있습니다. 캐나다는 공자 학원이 체제 선전과 첩보활동을 위한 기관이라고 보도했고 2018년 FBI국장 크리스토퍼 레이는 공자 학원이 중국공산당 사상 선전과 중국 정부의 스파이 활동에 이용되고 있어 수사 대상에 올랐다고 밝힌바 있습니다. 이러한 이유로 미국, 유럽 등 서방 각국의 공자 학원은 이미 폐쇄되고 있는 상황입니다. 반면 세계최초의 공자 학원이 들어선 한국의 상황은 다음과 같습니다. 상당수의 대학들이 중국 유학생 유입을 통해 재정을 충당하고 있고, 중국과의 교류 확대가 절실한 상황인데다 시중 학원의 절반 수준으로 저렴한 중국어 교육, 장학금과 중국 초청 등 중국 정부가 제공하는 각종 인센티브를 마다하기가 어렵기때문에 여전히 공자 학원 유치에 적극적입니다. 그러면 왜 전세계 대학들이 공자 학원을 앞다퉈 유치하려고 했을까요? 공자 학원이 들어설 때마다 중국 정부가 해당 대학 측에 1백만 달러약 12억원 상당의 현금과 자료를 지원했기 때문이라는 얘기가 있습니다.

6

민증에 민족 표기, 실화임?

　소수민족은 정말 소수일까요? 중국국가통계국에 따르면 대만, 홍콩, 마카오를 제외한 중국의 인구수는 약 14억 5만명, 그 중 소수민족은 1억 1,700만명으로 총 인구의 약 10.72%를 차지한다고 합니다. 참고로 조선족의 수는 183만여 명으로 소수민족 1.6%입니다. 가장 많은 소수 민족은 장족壯族으로 약 1700만 명이고, 가장 적은 소수민족은 락파족珞巴族으로 약 3700명입니다. 그렇다면 한족과 조선족이 결혼하여 태어난 아이는 무슨 민족일까요? 부모의 뜻에 따라 한족 또는 조선족으로 결정하여 등록을 할 수가 있고, 아이가 성인이 되는 시점에 본인의 의사에 따라 결정할 수도 있습니다. 중국에서는 고등학교와 대학교의 입시선발기준이 지역에 따라 민족에 따라 다 다릅니다. 소수 민족에게 점수 혜택을 주기 때문에 입시를 앞두고 민족을 바꾸는 경우도 있습니다. 소수민족은 중국 인구의 10%도 안되지만 그들이 거주하는 지역은 전 국토의 70%나 됩니다. 소수민족이 가장 많이 살고 있는 곳은 운남성云南省으로 35개의 민족이 거주하고 있습니다. 5개의 소수민족자치구에선 소수민족이 한족보다 많을까요? 그렇지 않습니다. 그냥 상대적으로 다른 지역에 비해 소수민족이 많을 뿐입니다.

짜사이

우리의 주민등록번호는 13자리지만 중국의 신분증居民身份证은 18자리입니다. 앞에서부터 성, 도시, 출생년월일, 같은 지역 내의 같은 날 출생한 사람들의 순번, 성별 그리고 마지막으로 검증번호 이렇게 이루어진답니다. 우리와 크게 다른 것이 있다면 민족을 표기한다는 것이죠.

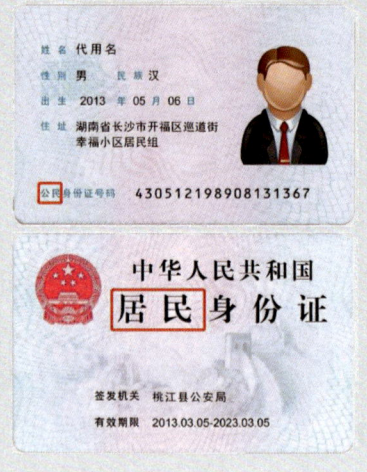

7

바이러스를 잡는 건 바이러스

　대한민국의 국민으로 살아오면서 여러분은 누군가에게 당신은 무슨 민족이냐고 들어보신 적이 있으신가요? 아마도 없지 않을까 생각됩니다.

　제가 중국에서 유학하던 시절 중국인 친구들이 넌 무슨 민족이냐고, '어?' 하는데 이렇게 묻더군요. 한국사람들은 무슨 민족이냐고 말이죠. 뭐라고 대답해야하나 고민하다가 조심스럽게 우리는 백의민족白衣民族이고 단일민족이라고 대답했던 기억이 납니다.

　그러고 보니 언제부터인가 우리나라도 다문화국가이기때문에 지금은 이런 표현들도 어울리지 않는군요. 여하튼 중국에서는 당신은 무슨 민족이냐고 묻는 것은 그리 어색한 질문은 아니라는 것. 자, 아래 그림에서 56이라는 숫자가 보이시나요? 그렇습니다. 중국은 하나의 한족과 55개의 소수민족으로 이루어진 다민족 국가입니다. 하나의 나라 안에 소수민족들을 위한 자치구가 다섯 개나 있고 자치구의 크기만 봐도 영하회족자치구宁夏

回族自治区를 제외하면 모두 대한민국의 크기보다 더 크다는 것입니다. 사실 크기만으로만 보면 자치구 하나 하나 다 국가로 독립해도 전혀 이상할 것이 없습니다. 실제로 내몽고자치구의 인구가 몽골공화국의 인구보다 더 많기도 하구요. 여하튼 소수민족들이 저마다 그들만의 언어를 가지고 있음에도 중국의 통제를 받고 있다는 점이 재미있는 부분입니다. 중국 정부는 어떻게 이 많은 소수민족들을 통제할 수 있었을까요? 그 답은 바로 '이이제이以夷制夷오랑캐로써 오랑캐를 다스린다'라는 표현을 통해서 알 수 있습니다. 그러니까 소수민족으로 소수민족을 통제하되 최종적인 통제권은 한족이 가진다는 의미입니다. 중국 헌법에는 전국의 여러 민족은 모두 평등하며 정치, 경제, 문화생활에서 한족과 동등한 대우와 권리를 향유할 수 있다고 규정하고 있는데 중국의 소수민족 정책을 요약하면 다음과 같습니다.

첫째, 소수민족에 대한 평등 정책을 시행한다.
둘째, 소수민족지역의 자치를 시행한다.
셋째, 소수민족 간부를 양성한다.
넷째, 소수민족이 자신들의 언어와 문자를 사용하는 것을 허용한다.
다섯째, 소수민족의 풍속 습관과 종교 신앙의 자유를 보장한다.

이와 같은 제도적인 보장에도 불구하고 중국 내 소수민족이 거주하는 지역들은 단지 명목상의 자치지역일 뿐입니다. 자신들의 민족의 이름을 딴 자치지역에서 살고 있는 소수민족들은 지방정부와 당 조직에 많은 대표를 두고는 있지만 일반적으로 한족이 최종적인 통제를 하고 있으며 다양한 통제 전략을 통하여 소수민족을 규제하는 등 한족 중심주의를 여실히 드러내고 있습니다. 소수민족에는 계획 출산의 완화, 명문대학 진학의 배분, 취직 혜택 등의 우대조치를 취하고는 있지만 소수민족이 중앙정계에 진출할 수 있는 확률은 대단히 희박하다는 것입니다. 정리하면 중국정부의 소수민족정책은 '하나의 중국'을 겨냥한 한족의 제한적인 배려라는 것입니다.

짜사이

안타깝게도 조선족자치구는 공식적인 행정구역으로서 소수민족자치구로 나누어져 있지는 않은 것 같습니다. 여하튼 중국에 소수민족 자치구에 가보면 독특한 풍경이 펼쳐지는데요, 모든 표지판에 한자와 소수민족의 언어를 병기#记한다는 것입니다.

白尔开特
原味肉馕

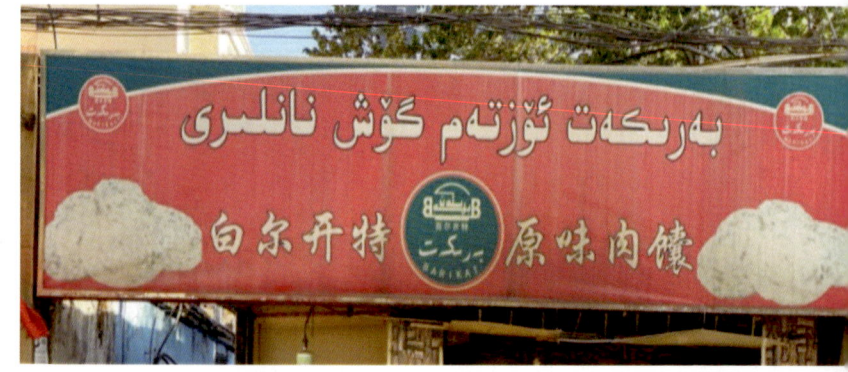

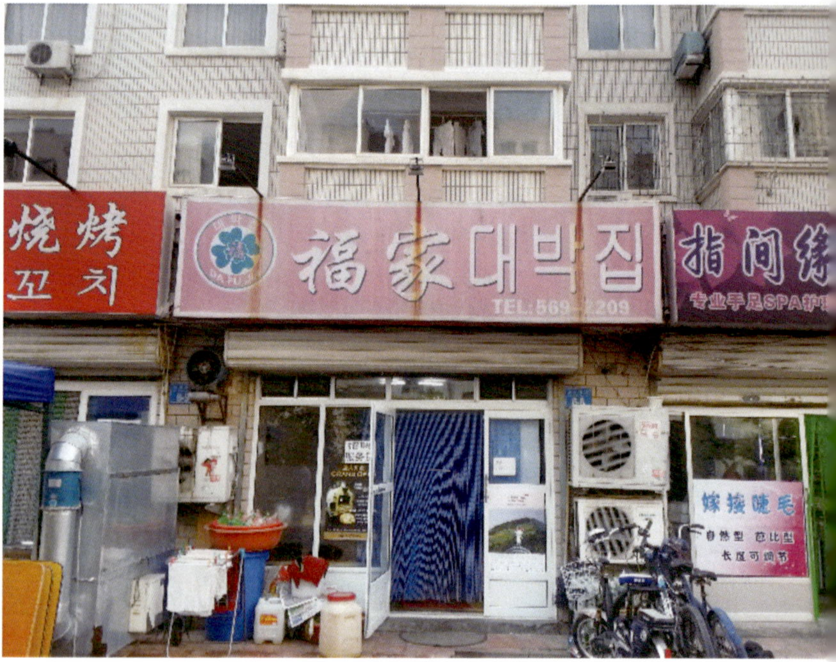
烧烤
꼬치
福家 대박집
嫁接睫毛
自然型 芭比型
长度可调节

8

모로 가도 가면 그만

전머조우?怎么走는 어떻게怎么와 가다走가 합쳐진 말로 어떻게 가느냐? 어떻게 갈 거냐? 또는 어떻게 가라는 말이냐? 는 말입니다. 중국은 학교나 공원이나 규모가 커서 동서남북으로 출입문이 있습니다. 어떻게 가야할지 몰라 길을 물으면 황당한 대답을 듣기 일쑤입니다. 밑도 끝도 없이 "동쪽으로 가세요往东走!"와 같이 말이죠. 중국사람들은 일상에서 절대방위绝对方位를 이용하여 방향을 표현하는 것 같습니다. 예를 들어 "이 길 따라 쭉 가다가 사거리가 나오면 우회전 하시면 됩니다" 등의 구체적인 표현을 하는 우리에게는 다소 어색하게 느껴질 수 있습니다.

자, 중국에 있다고 가정해보자구요. 약속이 늦어 급한 마음에 택시를 탑니다. 기사에게 목적지를 얘기하고 가자고 하면 출발하기 전 기사가 "어떻게 가시겠어요你想怎么走?"라고 되묻습니다. 아니 이게 무슨 말인가 싶죠. 택시기사가 나한테 어떻게 가길 원하는지 길을 묻다니…. 실화임? 알고 보니 중국엔 워낙 일방통행도로가 많고 고가도로도 많아서 목적지까지 가는데 선택

할 수 있는 경로가 다양하기 때문에 기사는 승객이 원하는 경로로 주행을 한다는 군요. 그래야 생길 수 있는 여러가지 변수에 대한 기사의 책임이 없으니까요.

짜사이

지금도 여전히 이해하기 힘든 중국의 교통신호가 있는데요, 사거리에서 우리 편과 맞은 편에서의 직진과 좌회전이 동시신호라는 겁니다. 살짝 머릿속에 그려보세요. 난리가 나겠죠? 중국엔 차로 옆에 자전거 도로도 있는데 그럼 사거리에서 엄청난 진풍경이 펼쳐집니다. 먼저 들이미는 쪽이 승리인 셈이죠.
건널목에서 길을 건널 때엔 특히 조심해야 합니다. 보행자 신호에 우회전 차량이 레이싱을 방불케 하는 코너링을 한다는 것입니다. 저도 중국에서 보행자를 배려하지 않는 차량에 저도 여러 번 로드 킬 당할 뻔 했습니다. 중국친구에게 따져 물으니 자동차가 먼저니까 우회전하는 차량이 있는지 잘 살피고 길을 건너라고 하네요. 정말 묻고 싶죠, "어떻게 가야 되지我怎么走?"

9
중국의 혁신코드 산자이

진짜보다 더 진짜 같은 가짜를 만들어내는 짝퉁의 천국…. 바로 중국을 대표하는 수식어 중에 하나입니다. 중화인민공화국에서 만들어진 모조품을 가리키는 말이 산자이山寨입니다. 중국어의 원래 뜻은 산에 목책이 둘러져 있는 곳이나 산적의 소굴을 의미하는 것이었는데, 시간이 지나면서 정부의 관리, 통제에서 벗어난 지역을 나타내게 되었다고 합니다. 이 말은 최근 의미가 확장되면서 '강한 모방성과 신속성을 갖춘 저렴한 생산체계'를 뜻하는 열쇳말로 떠올랐답니다. 모조품은 중국 전역 곳곳에서 만들어지고 있으며 작게는 껌이나 사탕부터 크게는 자동차에 이르기까지 다양하게 존재합니다. 신박?한 접근이랄까. 암튼 시멘트를 넣어 만든 '시멘트 호두'와 젤라틴 등 화학성분으로 만들어 놓은 '짝퉁삶은달걀'에 대한 기사를 본 기억이 있습니다. 기사를 보며 드는 생각이 원가가 도대체 얼마면 이것이 가능하지? 이 정도 노력이면 차라리 호두를 따든지, 닭을 키우는 것이 더 아름답지 않나? 하는 생각을 했었네요.

여하튼 산자이의 시작은 휴대전화로 볼 수 있습니다. 특히 중국 심천의 전자상가거리엔 밀수 완제품 휴대폰부터 유명 브랜드를 모방한 '짝퉁폰'까지 없는 거 빼고 다 있다고 보면 됩니다. 한눈에 알아볼 수 있는 것부터, 주문자 생산방식으로 만들어진 뒤 반출되지 않고 중국 내에서 판매되는 밀수완제품까지 말이죠. 유명 브랜드나 또는 비슷한 이름을 붙였지만 정작 해당 브랜드에는 없는 새로운 제품을 만드는 것이죠. 아이폰 보다 기능은 더 많고 가격은 훨씬 저렴한 가짜 아이폰 'gooapple', 'iphcon' 등이 그렇습니다.

조잡하긴 하지만 무시할 수 없는 신박한 상상력이 산자이의 특징이라고 볼 수 있습니다.

산자이 제품들로 글로벌 기업들이 많은 피해를 볼 것 같지만 피해를 보는 쪽은 오히려 중국 토종 기업들입니다. 중국 기업들은 브랜드 파워가 떨어져 저가로만 승부하는데, 산자이 업체들은 저가이면서도 글로벌 기업들의 브랜드 파워를 베껴다가 활용하니까요. 토종 기업들은 연구개발과 마케팅 비용에 세금을 내지만 산자이는 이런 비용들을 거의 쓰지 않기 때문에 원가경쟁력에서 훨씬 앞서게 되는 것입니다.

중국에서 산자이 문화가 자리를 잡은 것에는 나름의 이유가 있는데요. 일단 중국의 내수 시장이 어마어마하게 크다는 겁니다. 따라서 어떤 산자이 제품이 나와도 소비될 수 있는 내수 시장이 있고, 중국 특유의 관대한 문화가 산자이를 용인하면서 엄

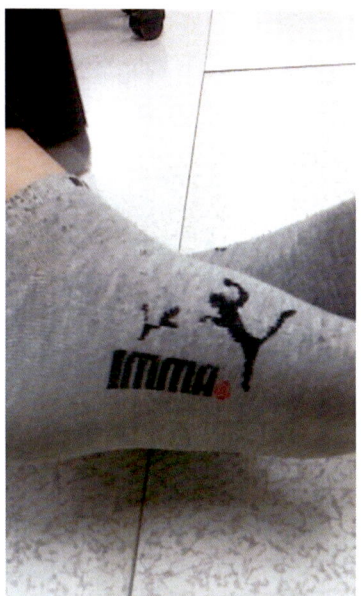

청난 시너지가 생기는 것입니다. 중국은 소득 격차가 크니까요, 현실에서 맞추지 못하는 눈높이를 산자이를 통해 마음의 눈높이라도 맞추려고 하는 심리도 어느 정도 작용을 한다고 봅니다.

중국은 어쩌다가 '짝퉁 천국'이 된 걸까요? 『부자중국 가난한 중국인』2011에서는 중국이 짝퉁의 천국이 된 배경을 가난 때문으로 보고 있습니다. 짝퉁은 창조를 위한 모방이며, 모방은 선진국을 따라잡을 수 있는 가장 빠른 방법이라는 나름의 이유를 가지고 있기 때문에 짝퉁에 대해 너그러운 태도를 보입니다. 실제로 짝퉁 아이폰이라 불리며 그냥 해프닝으로 끝날 것 같았던 스마트폰 제조사 샤오미小米는 시작한지 불과 몇 년 사이 중국 내수시장을 바탕으로 국제시장에서 삼성과 아이폰의 경쟁상대로 급부상했죠. 요즘은 TV, 컴퓨터 등 가전제품시장에도 진출하여 참신한 아이디어와 가격경쟁력을 무기로 어마어마한 대기업이 되어버렸습니다.

짜사이

제가 상해에서 유학하던 2000년대 초반, 한국에서 개봉한지 한 달도 되지 않은 영화를 DVD로 구해서 볼 수 있었는데, 그 시절 DVD 가격은 1장에 RMB 10위안 정도 했었습니다. 영화를 영화관에서 보려면 RMB 70위안 정도 했었으니까 가격차이가 꽤 많이 나죠? 흥미로운 점은 중국영화 같은 경우는 영화관에서 상영중인 영화의 DVD도 판매를 했었습니다. 당시 중국에선 지적재산권에 대한 인식이 자리잡지 않았던 시절이고, 그런 지적 재산권 침해에 대한 처벌 수위도 높지 않고 무엇보다 단속이 쉽지 않다고 합니다. 나중에 DVD 가게 사장님을 통해 알게 된 사실이지만 중국 정부에서도 알지만 묵인한다는 것입니다. 이유는 간단합니다. 영화를 볼 수 있는 형편의 사람은 영화관에서 보면 되고, 상황이 그리 여유롭지 않은 사람은 저렴한 비용으로 문화생활을 누리라는 그런 느낌?이죠.

Chapter 3.

문자와 문화

10

한자를 만든 사람

전설에 따르면 한자는 창힐 蒼頡이 만들었다고 합니다. 그는 천계에서 지상으로 내려와서 새와 동물들이 남긴 발자국에 착안해 문자를 고안해냈다고 하는데요. 창힐은 그림에서 볼 수 있는 것처럼 네 개의 눈을 가지고 있는 것으로 묘사됩니다. 그러니까 아주 예리한 눈빛으로 사물을 관찰해서 순식간에 그 특징을 파악하고 도형화하는 능력을 가졌다고 하네요. 오늘날 역사학자들도 문자의 출현을 창힐과 연계시키는 것이 일반적인데요. 한자는 창힐 한 사람의 창조가 아니라 창힐 같은 많은 사람들에 의해 차츰 풍부해졌다고

보는 것이 맞겠습니다. 다만 그런 사람들 중에서 창힐의 역할이 상대적으로 중요하고 큰 작용을 했다고 보는 것이죠. 여러분, 문자의 시작은 갑골문일까요? 갑골문 이전의 도문陶文으로 봅니다. 그렇다면 도문 이전에는 글말 소통이 없었을까요? 있었다면 어떠한 것이었을까요? 도문이전에는 결승结绳 과 서계书契 라는 나름의 글말이 존재했답니다.

   일의 크기에 따라서 매듭의 크기를 다르게 기록으로 남겨놓았던 것이 결승입니다. 예를 들면 10 十, 20 廿, 30 卅 처럼 말이죠. 그리고 나무 또는 대나무 등에 기호를 새겨 '증명'의 기능으로 사용했던 것이 서계입니다. 옛사람들의 생활 속 기록이 발전하여 문자가 된 것이라 할 수 있습니다. 아마도 이러한 부호를 체계적으로 파악하고 사용할 수 있었던 사람은 소수…. 그 소수는 지배계급 또는 특권계급이지 않았을까요?

11

글자를 거북이 껍데기에?

갑골문甲骨文은 거북 배딱지와 소의 어깻죽지 뼈에 새긴 글자입니다. 그래서 거북 배딱지를 나타내는 갑甲과 소뼈의 골骨을 합쳐 갑골문이라고 합니다. 20세기에 들어와서야 갑골문의 존재가 알려지게 되었으니 그리 오래된 것은 아닙니다. 갑골문을 처음 발견한 사람은 유악劉鶚이라는 학자입니다. 당시 갑골은 용골龙骨이라고 하여 귀한 한약재로 쓰였는데, 친구를 위해 약을 짓던 유악은 거기에 이상한 글자가 새겨져 있는 것을 보고는 뼛조각에 새겨진 글자를 연구하게 되었고, 그 속의 글자들은 은殷나라 때의 것으로 밝혀졌다고 합니다. 이것이 가장 오래 된 한자인 갑골문이라고 전해집니다. 갑골문은 은나라의 남은 터에서 발견되었다고 해서 은허문자殷墟文字라고도 합니다. 갑골문은 또 복사문卜辞文이라고도 하는데요, 점을 친 후 그 결과를 적은 것들이기 때문입니다.

고대에는 점을 칠 때 신에게 묻는 내용을 큰 소리로 말하면서 거북의 배딱지나 소의 어깻죽지 뼈에 인두로 지져 구멍을 뚫었

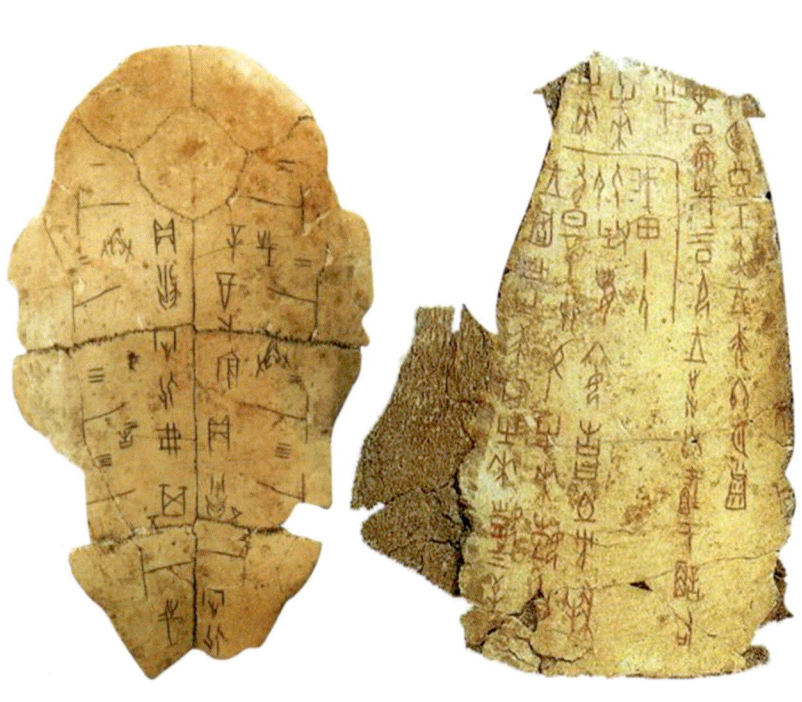

다고 합니다. 그러면 갑골이 그 열을 이겨내지 못하고 쩍쩍 갈라지면서 소리를 냈고, 점을 치는 사람은 갈라진 금을 보고 하늘의 응답을 읽었다고 합니다. 그리고 나서는 점칠 때 하늘에 물은 내용과 응답을 갑골에 칼로 새겨 보관한 것입니다. 갑골문의 내용은 제사와 농사, 전쟁과 수렵에 관한 것이 가장 많고, 그 밖에 왕의 통치나 질병, 재앙에 관한 질문도 있습니다. 그러니까 갑골문은 대중적으로 사용된 문자는 아니라고 보는 것이죠.

짜사이

한자 글자체는 결승과 서계의 단계를 거쳐 도문陶文, 갑골문甲骨文, 금문金文, 대전大篆, 소전小篆, 예서隶书, 초서草书, 해서楷书, 행서行书의 순서로 발전합니다. 소전에서 예서로의 변화를 예변隶变이라 하는데요, 일반적으로 예변을 기준으로 고문자와 금문자로 구분합니다. 예변을 통해 글자에서 상형성이 거의 사라지고 부호성이 극대화 되었다고 볼 수 있습니다.

12

한자의 제작과 운용

육서六书란 한자의 성립을 6가지로 나누어 설명한 분류법으로 서书는 문자를 뜻합니다. 육서는 한자를 만드는 원칙의 지사指事, 상형象形, 형성形声, 회의会意와 한자의 응용의 원칙인 전주转注와 가차假借를 가리킵니다.

지사는 한자 중에서 추상적인 개념을 도형화한 것을 말합니다. 예를 들면 위에 점이 있다는 원칙으로 형성된 上상, 아래에 점이 있다는 원칙으로 형성된 下하 등이 있습니다.

상형은 물건의 형태를 형상화 한 것으로 그림이 근본이 되는 것, 예로 태양의 형태를 본뜬 日일, 사람이 서 있는 형태를 본뜬 人인 등의 글자가 있습니다.

형성은 이미 만들어진 글자를 합성한 것입니다. 한 글자를 이루는 구성요소의 한쪽이 뜻을 나타내고, 다른 한쪽이 소리를 나타내는 것입니다. 예로 江강, 河하 등이 있습니다. 형성자를 이루는 성분 중의 하나는 반드시 소리부라는 점이 회의와 다른 점입니다.

회의는 지사와 상형이란 한자의 기본을 두 개 이상 조합하여 하나의 개념으로 나타낸 것을 말하는데요. 예로 武무, 信신 등이 있습니다. 武는 止지와 戈과가 합쳐진 말로 천하의 병과를 멈추어 난동을 부리지 않게 하는 것이 진정한 武라는 것입니다. 信은 人인과 言언이 합쳐진 것으로 사람이란 자기가 한 말을 실현해야만 비로소 신용을 얻을 수 있음을 뜻합니다.

전주는 한 글자의 뜻을 다른 뜻으로 돌려 쓰는 방법입니다. 예를 들면 惡악을 악으로 읽어 악하다는 뜻을 오로 읽어 미워한다는 뜻으로 통하는 것과 같은 것입니다.

가차는 본래 고유 글자가 없는 낱말에 대해 소리가 같은 다른 글자의 글자꼴을 빌려 쓰는 방법을 말합니다. 예로 万만, 它타 등이 있습니다. 万은 원래 벌레의 이름이었으나 가차하여 수의 万을 나타내고, 它는 원래는 뱀을 나타냈었는데 가차하여 대명사로 '그것'을 나타냅니다. 순수한 의미의 가차는 외래어 표기에 효과적으로 운용되는데요, 예로 포도葡萄, 핑퐁乒乓 등이 그렇습니다.

13
알파벳과 한자

뜻과 소리의 결합을 말이라고 한다면 말을 시각적인 기호로 나타낸 것이 글자라고 할 수 있습니다. 그러니까 글자는 먼저 소리를 단위로 하여 만들어 놓고 그것을 모아서 뜻의 한 단위를 적어내게 할 수도 있고 뜻을 단위로 먼저 글자를 만들어 놓고 그 뜻에 맞는 소리대로 읽을 수 있습니다. 소리를 단위로 만들어진 글자를 표음문자表音文字라고 하고, 뜻을 단위로 만들어진 글자를 표의문자表意文字라고 하는데 표음문자는 한 글자가 곧 한 단위의 소리에 해당할 뿐 그것만으로 뜻을 나타낼 수는 없습니다. 그러나 표의문자는 한 글자가 곧 한 단위의 뜻을 반드시 나타내고 있을 뿐만 아니라 그 뜻에 해당하는 소리까지도 아울러 드러냅니다.

한자는 한족이 그들의 말인 중국어를 표기하기 위해서 만들어 낸 글자이니 표의문자의 하나로 대표적이라 할 수 있답니다. 한자는 이처럼 대표적인 표의문자이기도 하지만 그 중에서도 특히 표어문자表語文字라고 불리기도 하는데, 표어 문자란 글자대로 뜻을 풀이하면 '단어를 표기하는 문자'라는 뜻입니다. 중국어의 모든 단어가 한 음절로만 되어 있다고 말하기는 어려우나 대부분의 단어가 한 음절로 되어 있으니 단음절어라는 것입니다. 이들 단어의 하나 하나를 한 글자로 표기한 것이 한자이니, 한자를 표어문자라고도 하는 것입니다. 그러니까 한자는 한 글자가 곧 한 음절이고 또한 단어인 것입니다. 이 부분이 영어 알파벳과 한자의 차이점이기도 합니다. 알파벳은 낱개의 문자가 의미를 나타내지 않지만 한자는 낱개의 글자가 의미를 표현하니까요.

짜사이

여러분, 진進은 '나아가다'는 뜻을 나타냅니다. 이 글자는 쉬엄쉬엄가다辶와 새隹가 합쳐져 만들어진 글자입니다. 새가 쉬엄쉬엄 가는 것을 보고 나아간다는 뜻을 생각해낸 것이라고 하더라구요. 그리고 보니 새는 후진을 하지 못합니다. 두발 짐승 중 사람만 후진을 한다는 거죠.

14

글자도 다이어트?

  중국어를 배우기 시작하면서 어려운 부분 중에 하나가 현재 중국에서 쓰고 있는 간체자简体字가 아닐까 생각해봅니다. 중국 여행을 해보셨다면 바로 이해가 되시겠지만 거리의 표지판, 건물의 간판 심지어 책에서도 모두 간체자를 사용합니다. 간체자에 익숙하지 않으면 한자를 알아도 이게 뭔지 어떻게 읽어야 하는지 도무지 감을 잡을 수가 없답니다. 누군가는 차라리 처음부터 간체자를 배우는 것이 낫겠다는 얘기도 합니다. 우리나라와 대만 그리고 홍콩에서는 정체자, 즉 번체자繁体字를 사용하고, 일본은 약체자를 쓰며, 중국은 간체자를 사용합니다. 글자 모양이 나라마다 달라서 혼선이 빚어지기도 한답니다. 1983년 5월 5일 괴한에게 납치된 중국 비행기가 우리나라에 비상착륙하게 됩니다. 우리나라는 중국과 1992년에 수교를 맺으니까 당시만 중국과는 국교라는 것이 전무한 상태였습니다. 기자가 탑승객에게 어디서 왔냐고 물었고 한자로 심양沈阳이라 썼습니다. 중국 심양瀋陽을 자기들의 보통화普通话로 쓴 것이죠. 여하튼 이

것이 우리나라가 처음 접하게 된 중국의 간체자랍니다. 재미난 것은 정체자正体字로 쓰면 정작 중국 사람들은 잘 읽지 못한다는 사실입니다. 일본사람들도 자신들이 쓰는 약자가 아닌 정체자를 쓰면 잘 읽지 못하구요. 간단하게 '대한민국만세'로 세 나라의 차이를 살펴볼까요?

한국 정체자: 大韓民國萬歲
중국 간체자: 大韩民国万岁
일본 약체자: 大韓民国万歲

이렇게 세 나라의 한자 글꼴이 다 다르니까 학습자의 입장에서는 상당히 혼란스러울 수 있겠습니다. 옛 문헌 속의 한자는 당연히 우리가 쓰는 정체자로 되어 있지만 일본에서 쓰는 약체자는 예전에도 옮겨 쓰는 편리를 위해 일반적으로 쓰던 줄임체를 도입한 것이어서 정체자를 알면 대부분은 읽을 수가 있습니다. 하지만 중국에서 쓰는 간체자는 좀 복잡합니다. 간체자도 정체자에서 나름의 원리를 가지고 간략하게 한 것이지 아무런 근거 없이 만든 것은 아닙니다. 그래서 그 원리를 알고 보면 간체자도 그렇게 크레이지하게 어렵지만은 않습니다.

그럼 간체자는 어떤 원리로 줄인 것일까요?

첫 번째, 글자의 일부만 남기는 원리입니다. 예를 들면, 蟲/虫, 廣/广, 鄕/乡등이 있습니다.

두 번째, 글자의 일부를 변화시키는 원리입니다. 예를 들면, 婦/妇, 鐘/钟 등이 있습니다.

세 번째, 초서체를 해서화하는 원리입니다. 예를 들면, 書/书, 樂/乐, 車/车 등이 있습니다.

네 번째, 같은 음의 다른 글자로 대체하는 원리입니다. 예를 들면, 機/机, 後/后, 穀/谷 등이 있습니다.

마지막으로 회의 문자를 새로 만드는 원리입니다. 예를 들면, 淚/泪, 塵/尘 등이 있습니다.

짜사이

한자를 간화(简化)시키는 것이 한자 고유의 표의성에 영향을 준다는 얘기도 있지만 눈물 루泪 눈에서 나오는 물, 먼지 진尘 작은 흙 조각의 경우 간체자가 더 분명하게 의미를 드러내기도 하는 것 같습니다.

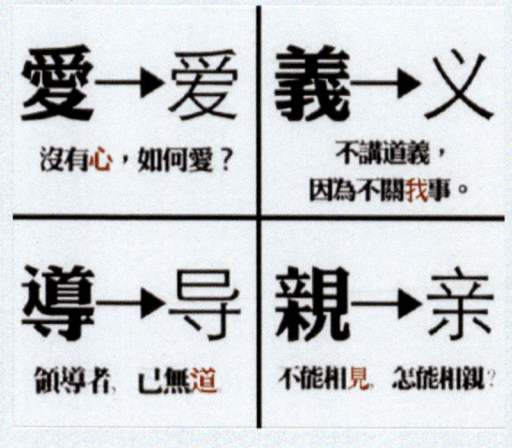

Chapter 4.

언어와 문화

15

중국어

중국어는 앞서 살펴본 것과 같이 세계에서 가장 많은 사람들이 사용하는 언어입니다. 중국어의 특징을 살펴보면 첫 번째는 긴 역사를 가진다는 것입니다. 일반적으로는 중국 상대의 갑골문을 최초의 문자기록으로 보는데 그렇게 보면 중국의 문자인 한자는 최소 3000년 이상의 역사를 가진다고 볼 수 있습니다.

두 번째, 중국어는 표의성이 강한 언어입니다. 알파벳은 개별적인 글자들이 뜻을 가지지 않는 반면, 한자는 글자 하나하나가 다 뜻을 지니고 있기 때문입니다. 세 번째, 중국어는 성조가 있는 언어입니다. 성조란 말 그대로 소리의 높낮이를 말하는데요, 보통화는 1,2,3,4성의 4개의 성조가 있습니다. 네 번째, 중국에서는 약자를 사용하는데요, 이를 다른 말로는 간체자라고 부릅니다. 한자는 분명 다른 나라 문자에 비해 시각적인 아름다움을 가지고는 있지만, 쓰고 기억하기에 너무 복잡한 면이 있습니다. 그래서인지 중국에서는 아직까지도 문맹이 많습니다. 이러한 이유로 정부의 주도 아래 복잡한 횟수를 과감히 줄여 사용하게 된 것입니다. 신중국 성립 이후 여러 차례의 논의와 정리를 거쳐 1956년 〈한자간체자방안〉이 공표되었고, 수정과 보완을 거쳐 1964년 〈간체자총표〉가 출간됩니다. 물론 모든 한자를 간화简化한 것이 아니라 2,236자에 대해 간화를 진행하였답니다. 같은 중화권이지만 홍콩과 대만에서는 여전히 번체자, 그러니까 우리나라에서 쓰는 한자와 같은 정자를 사용합니다. 다섯 번째, 중국어는 알파벳을 이용하여 발음을 표기하는데, 이를 가리켜 한어병음汉语拼音이라고 합니다. 1958년 한어병음방안이

발표된 후, 중국은 물론 전 세계적으로 널리 사용되고 있습니다. 한어병음방안은 26개의 알파벳자모로 구성되어 있으며 중국어의 모든 발음을 표시할 수 있어서 매우 편리하고 경제적이라고 할 수 있습니다.

여섯 번째, 기본적인 어순은 주어+술어+목적어의 순서입니다. 그래서인지 많은 사람들이 중국어는 영어와 어순이 같다고 말하지만 기본 어순만 같을 뿐 영어와는 다른 어순을 가집니다. 어떤 각도에서 보면 술어 뒤에 목적어가 오는 것을 제외하면 우리말의 어순과 비슷하다고 볼 수 있습니다. 예를 들면, 난 집에서 공부한다를 중국어로 하면 "我난 在家집에서 学习공부하다。"가 됩니다. 마지막으로 중국어는 고립어입니다. 고립어란 일반적으로 단어의 활용이 없는 언어를 말합니다. 여기서 단어의 활용이란 성, 수, 격, 시제 등에 따른 낱말의 형태변화를 말합니다. 참고로 영어는 굴절어문장속에서 문법적인 기능에 따라 단어의 형태가 변하는 언어, 우리말은 교착어문법적 기능이 어근과 접사의 결합에 의해 나타나는 언어에 속합니다.

16

만다린이 뭐야?

　지구상의 6000여개 언어가운데 사용인구가 10만이 넘는 언어가 1000개, 그 중에서 모국어를 기준으로 사용인구가 가장 많은 언어가 바로 중국어로 31개국, 1300만명이 사용하고 있습니다. 중국어는 문자, 그러니까 한자가 최소 3000여년의 역사를 가집니다. 세계적으로 오랜 역사를 지닌 언어가 없는 것은 아니지만 중국어는 연속성을 가진다는 점이 다르다고 할 수 있습니다. 그런데 중국역사, 중국문학이라는 말은 있어도, 중국역사에서 본인들의 언어를 중국어라 했던 시기는 없습니다. 그저 일본이나 우리나라 사람들이 중국사람들의 언어를 중국어라고 했을 뿐입니다. 중국의 공식표준어는 보통화普通话라고 합니다. 춘추전국시대, 한대에는 통어通语통용되는 말로 불려졌습니다. 청대에는 관화官话, 포르투갈어로는 만다린mandarin이라 불렸는데 정부, 관료라는 의미입니다. 그러니까 만다린차이니즈mandarin chinese는 정부, 관료들이 사용하는 공식어 정도가 되겠습니다. 그러다가 북방에 거주하는 한인汉人

들이 사용하는 말이라 해서 한어汉语라고 부르다가, 중화민국 시기에는 국어国语로 불리게 됩니다. 1949년 중화인민공화국이 탄생하면서 1955년 문자개혁회의를 거쳐 1982년 중화인민공화국 헌법조항에서 중국의 표준어를 보통화로 정하게 됩니다. 보통화는 중국 정부에서 발음, 어휘, 문법 등 세 가지 방면에서 표준을 설정하여 인위적으로 정해놓은 말입니다. 보통화의 세 가지 내용을 살펴보면 "베이징어의 음성을 표준음으로 하고 以北京语音为标准音, 북방방언의 어휘를 기초로 하며 以北方方言为基础方言, 모범적인 현대 백화문 작품들의 문법을 문법의 기준으로 한다. 以典范的现代白话文著作为语法规范的."입니다.

说好普通话 方便你我他

짜사이

장항준 감독의 '기억의 밤'이라는 영화에 보면 막 이사를 하고 나서 영화의 주인공 진석, 유석 역을 맡은 강하늘배우와 김무열배우가 짐을 정리하면서 짜장면을 주문합니다. 얼마 후 주문한 짜장면이 오고 포장을 뜯어 젓가락으로 잘 비벼 크게 한 입 물고는 이렇게 말합니다. "아… 한국사람은 짜장면이야." 이것을 구글번역기나 파파고를 통해 중국어로 번역해보면 다음과 같이 나옵니다. "韩国人是炸酱面。" 그러니까 Korean is zhajiangmian"이라는 거죠.

17
사투리

　우리나라에도 지역마다 사투리가 있고 나름 언어의 차이가 있지만 그렇다고 또 의사소통이 안되는 정도는 아니라고 보는 거죠. 하지만 중국에서의 사투리는 외국어라고 보면 이해하기 쉽습니다. 중국 사람들 10명 중에 3명이 표준어를 사용한 정상적인 의사소통을 하지 못한다고 하니까요. 중국은 지역별로 크게 7개의 방언군으로 나눌 수 있는데요, 한족의 70%가 사용하는 북방방언北方方言 또는 관화방언官话方言, 상하이와 절강성을 중심으로 한 오방언吴方言, 호남성을 중심으로 한 상방언湘方言, 강서성과 호북성을 중심으로 한 감방언贛方言, 강서성 일부와 광동성 동북부를 중심으로 한 객가방언客家方言, 복건성을 중심으로 한 민방언闽方言, 광동성과 홍콩을 중심으로 한 월방언粤方言이 있습니다. 예를 들어 "안녕你好!"은 보통화로 "니하오"라고 하는데, 홍콩에서는 "레이호우", 상해에서는 "농호"라고 합니다. 헤어질 때 하는 "잘가再见!"라는 인사도 보통화로는 "짜이찌엔", 홍콩에서는 "짜이끼얀", 상해에서는 "째회"라고 합니다. 물론 같은 글자를 사용하면서 다르게 읽는 경우도 있고, 글자 자체를 다르게 쓰는 경우도 있습니다. 이렇게 간단한 인사말도 지역별로 발음과 글자가 다르므로 서로 의사소통이 힘든 경우가 많습니다.

18

넌 행복하니?

    해음谐音은 한자에서 같거나 비슷한 음을 나타내는 것을 의미하는데요, 해음현상이란 언어 수사적인 표현으로써 예를 들어, 서로 다른 두 글자가 발음이 같거나 비슷하여 숫자 4四를 말하면 죽을 사死가 떠오르는 현상을 가리킵니다. 중국어 표현에는 유난히 해음 현상이 많이 나타납니다. 그 이유는 유한한 소리에 무한한 의미를 실어야 하는 중국어의 특성 때문입니다. 중국어의 발음으로 보면 자음21개, 모음 39개로 이 음들의 조합으로 만들어지는 음절의 수는 400여개가 됩니다. 매 음절 마다 4개의 성조가 있으니 모두 1600여개 정도 됩니다. 이 중에서 실제로 사용되는 1300여개의 음절로 수 만 여 개의 한자의 발음을 표시 하려니 발음이 같거나 유사한 글자로 구성된 해음어谐音语가 많아지는 것은 당연한 일이겠지요?

    해음은 우리말에서도 많이 볼 수 있습니다. 사이먼도미닉의 '짠해'라는 곡의 가사 중에서 "짠해 마 널 보니 내가 다 짠해, 이렇게 또 언제 보겠노, 빨리 한잔해"라든지 다이나믹듀오의 '죽일

놈'의 가사 중에서 "난 성격이 너무 물러서, 넌 항상 말해 남자니까 뒤로 좀 물러서" 등 노래 가사에도 많이 등장한답니다. 물론 드라마나 영화의 대사에도 사용되죠. 강한 인상을 남겼던 영화 '범죄도시'의 마지막 부분, 장첸과 마석도가 공항 화장실에서 나누는 대화…. 이것 역시 해음을 이용한 말장난인거죠.

장첸: 혼자야? 혼자서 나를 잡으러 왔나는
마석도: 어 아직 싱글이야….

해음은 특히 광고에서 그 진가를 나타내는데요. SK브로드밴드의 "값질하다 값과 질을 모두 잡다", 쿠팡의 "잘 사고 잘삽니다" 배달의 민족의 "배달비가 뚝 그쳤다", 동화약품의 감기약 "감기 없는 코리아, 판콜이야" 등이 있겠습니다. 중국 위장약 광고 카피 중에서 "야, 안녕喂,你好吗?"를 해음을 이용해 "위장아, 안녕胃,你好吗?"으로 하는 것을 보고 참 기발하다는 생각을 했습니다. 그 외에도 티엔티엔러天天乐의 해음을 활용한 田田乐모든 밭이 다 즐거워, 스췐스메이全+美의 해음을 활용한 食全食美맛있는것들 전부 다 있다는 등 무수히 많은 해음현상들이 광고 카피에 사용됩니다.

여러분, 설날 떡국을 드시죠? 설날 왜 떡국을 먹는지 다들 아시죠? 옛날엔 떡국을 먹어야 한 살을 더 먹는 것이라고 했었는데요, 놀랍게도 말입니다. 중국에서도 새해에 떡을 먹는답니다. 이유는 떡은 중국어로 니엔까오年糕라고 합니다. 이것은 해음을

통하면 니엔까오年高의 의미가 되는데요, "해마다 높아지다"라는 뜻입니다. 그러니까 새해에 떡 또는 떡국을 먹는 이유는 올 한해 더 나아지기를 바라는 마음에서라고 볼 수 있겠죠?

   식당이나 사무실에 어항을 놓는 다거나 새해에 물고기 요리를 먹는 이유는 해마다 여유로워져라年年有余와 관련이 있습니다. 年年有余가 해음을 통해 해마다 물고기가 있어라年年有鱼라는 의미를 나타내게 되는 것이죠.

짜사이

꽤 오래전 중국 전국이 뜨겁게 달아올랐던 사건이 있습니다. 바로 해음과 관련된 웃픈 상황인데요, 기자와 외지에서 일하러 온 아저씨의 인터뷰입니다. 소개해드리면,

기자: 您幸福吗? 행복하세요?

아저씨: 我姓曾。 나는 증씨입니다.

아저씨는 성이 복福씨인지 묻는 질문으로 생각하고, "난 성이 증曾이에요"라고 대답을 한 것뿐입니다. 전혀 잘못한 것이 없지만 이 인터뷰로 우리 아저씨는 유명인사가 됩니다. 만약에 기자가 질문을 하기 전에 살짝 사람들의 행복지수에 대해서 조사중이라고만 얘기하고 질문했더라면 대답은 달랐을 겁니다.

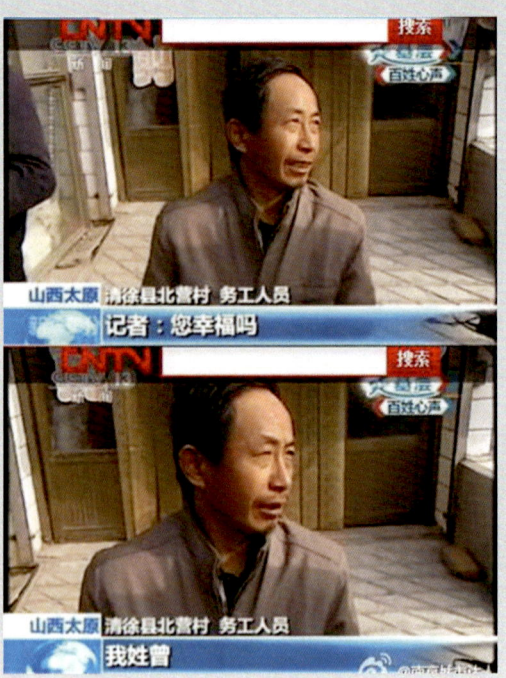

19

코카콜라

가구가악可口可乐, 뭘 의미하는 건지 잘 모르시겠죠? 자, 커코우컬러 kekoukele, 살짝 감이 오시죠? 네, 바로 코카콜라를 가리키는 중국어표현입니다. 풀이하면 입이 가히可口, 즐거울만하다可乐라는 뜻으로 코카콜라를 마시면 입이 즐겁다는 것입니다. 1920년대 코카콜라가 중국으로 진출을 하면서 커커컨라蝌蝌啃蜡라는 이름으로 중국에 진출하게 되지만 음은 비슷하나 한자를 풀이하면 '올챙이가 초를 씹다'라는 의미로 톡 쏘는 시원한 음료를 마시는 기분과는 상당한 거리감이 있어 크게 실패하게 됩니다. 1933년 다시 '코카콜라'의 중국어 이름을 모집하게 되고 영국에서 유학하던 중국인 유학생 장이蒋彝가 응모한 커코우커러

可口可乐가 당첨…. 지금의 코카콜라가 된 것입니다.

어쨌거나 우리말은 표음문자이기 때문에 외래어를 표기하는 데 있어서 발음이 나는 그대로 적으면 크게 무리가 없지만, 중국어는 표의문자이기 때문에 발음을 고려하는 동시에 한자가 가지는 뜻도 체크를 해야 되기 때문에 외래어 표기가 나름 어려울 수 있겠습니다. 자, 그럼 중국어로 외래어를 표기할 땐 어떤 규칙들이 있을까요?

첫 번째는 발음을 차용해서 표기하는 방법입니다. 예를 들면, 咖啡kāfēi, 巧克力qiǎokèlì, 奥林匹克àolínpǐkè 등이 그렇습니다. 두 번째는 의미 요소를 고려한 음역입니다. 예를 들면, 可口可乐kěkǒukělè, 易买得yìmǎidé, 托福tuōfú 등이 있습니다. 세 번째는 음과 뜻을 반반씩 고려하고 섞은 표기 방법입니다. 예를 들면, 因特网yīntèwǎng, 奶昔nǎixī, 冰淇淋bīngqílín 등이 그렇습니다. 네 번째는 원어 전체를 음역한 후에 중국어 형태소를 첨가한 표기법입니다. 예를 들면, 啤酒píjiǔ, 酒吧jiǔbā, 桑拿浴sāngnáyù 등이 있습니다. 다섯 번째는 원어의 구성요소들을 번역한 표기법이 있습니다. 예를 들면, 热狗règǒu, 黑板hēibǎn, 代沟dàigōu 등이 있습니다.

그리고 중국엔 한어병음 이니셜표기법도 존재합니다. 여러분도 한번쯤 들어 보셨을 만한 것인데요, 바로 HSK입니다. 바로 汉语水平考试hanyu shuiping kaoshi의 이니셜표기입니다. 이것은 VIP와는 또다른 형태의 중국어에만 있는 표기법이라고 할 수 있겠습니다. 저는 중국어와 영어를 섞는 나름 퓨전 표현도 들어봤습니다. 2010년 여름, 하북대학교에 출장을 갔는데요, 많은 사람들이 오라오라O啦O啦하는거에요. 오라이all right라고 하는건지 뭔지 암튼 너무 궁금해서 물어보니 영어 OK 뒤에 감탄사 라啦를 더한 표현인데, 손으로 동그라미를 만들면서 O啦 라고 하는 것이었네요.

짜사이

파리바게트가 중국으로 진출하면서 巴黎贝甜bālí bèitián으로 번역이 되었습니다. 巴黎는 파리를 뜻하는 것이고, 贝甜은 매우 달다, 맛있다는 의미입니다. 그러면 '파리의 달콤함'이라고 볼 수 있겠네요. 可口可乐든 巴黎贝甜이든 여하튼 여기서도 볼 수 있는 중국사람들의 짝수선호.

Chapter 5.
색과 문화

20

토마토달걀볶음

오성홍기五星红旗는 오성五星, 별이 다섯 개인, 붉은 기红旗로 가로와 세로의 비율이 3:2인 직사각형 모양이며, 붉은색 바탕에 다섯 개의 노란색 별로 이루어져 있는 중국의 국기를 말합니다. 붉은색은 혁명을, 노란색은 광명을 상징한다고 합니다. 다섯 개의 별 중에서 가장 큰 별은 중국 공산당을 나타내며, 그 별을 둘러싼 네 개의 작은 별은 각각 노동자, 농민, 도시소자산계급, 민족자산계급을 나타냅니다. 오성홍기는 혁명열사들의 붉은 피로 세워진 중국을 중국공산당을 중심으로 모든 중국인이

단결하여 앞으로 나아가자는 의미를 나타낸 것이랍니다.

국기 설명에 낯선 단어들이 많이 등장하죠? 하나씩 살펴보면 도시소자산계급은 소상인, 수공업자, 자영업자, 전문직 종사자 등으로 이루어진 계급을 말하는데요. '소시민' 또는 '쁘띠 부르주아petit-bourgeois'라고도 불리는 계급을 가리킵니다. 그리고 민족자산계급은 외세의 독점자본에 기대지 않고 민족 자체의 자본으로 사업을 하는 자본가 계급을 의미합니다. 외세의 경제적 침탈에 저항하는 성격을 가진 계급이라고 볼 수 있습니다.

짜사이

제 수업을 수강한 학생들은 학기 중에 한번 중국요리를 만들어 주위 사람들과 나누어 보는 미션을 수행합니다. 중국음식 중에서 만들기 쉽고 한국사람들이 즐겨 먹는 음식 중에 토마토달걀볶음西红柿炒鸡蛋을 만들어 보기를 추천합니다. 한번은 중국, 중국인을 음식으로 표현하면 어떤 음식일까? 라는 질문을 시험문제로 냈었는데요, 일반적으로는 어향육사鱼香肉丝라고 합니다. 그 이유는 어향육사가 달면서 시고, 짜면서 맵고 그런 다양하고 복잡한 맛이 있기 때문입니다. 그러니까 중국인의 다양함을 보여주는 대표적인 음식이 어향육사라고 하는 것이 보통 중국문화관련 서적에서의 표현입니다. 한 학생의 답안은 다음과 같습니다. "저는 중국하면 떠오르는 음식이 있는데요, 바로 토마토달걀볶음입니다. 달걀스크램블의 노랑은 오성홍기의 노란색 별들을, 토마토의 빨간색을 보면 오성홍기 빨간 바탕색의 느낌이 나기 때문입니다."

21

중국은 노랑이 19금?

홍빠오红包는 붉다红와 봉투包가 합쳐진 '붉은 봉투'라는 말인데요. 중국은 어디나 빨간색으로 가득합니다. 특히 결혼식처럼 좋은 날은 온통 빨간색으로 도배를 합니다. 신랑과 신부의 예복이 빨간색, 축의금도 빨간 봉투에…. 심지어 좋은 날을 기념하여 주위 사람들에게 알리는 폭죽爆竹도 빨간색, 심지어 국기国旗도 바탕이 빨간색이네요.

전통 명절인 춘절 때에도 빨간색 봉투에 돈을 담아 아이들에게 줍니다. 춘절에는 홍등과 빨간색 종이로 만든 전지 공예작품을 창문에 붙이는 전통 풍습이 아직도 남아 있습니다.

우리나라에서는 19금의 상징으로 여겨지는 빨간색을 중국사람들은 왜 그렇게 좋아하느냐, 바로 우주만물을 구성한다는 음양오행설에서 빨간색은 여름과 남쪽을 상징하고 무엇보다 운수가 좋다는 '길상吉祥'을 뜻하기 때문이랍니다.

중국사람들은 12년에 한 번씩 돌아오는 출생한 해의 띠에 나쁜 기운이 찾아온다고 믿습니다. 이를 번밍니엔本命年이라고 하

는데, 중국 사람들은 번밍니엔을 무사히 넘기기 위해 빨간색 허리띠나 빨간색 속옷을 입는 풍습이 있습니다. 그러고보니 2008년 베이징올림픽의 엠블럼과 2010년 상하이 엑스포의 중국관中国馆도 빨간색으로 이루어져있습니다.

짜사이

삼국지연의의 관우는 얼굴도 빨간색인데요, 늘 술에 취해 있거나 흥분을 잘해서가 아니라 강한 충성심을 나타내는 것이랍니다. 자, 그러면 중국에서 19금을 상징하는 색깔은 무슨 색깔일까요? 노란색입니다. 그렇기 때문에 중국에서 노란색을 좋아한다고 하면 색을 밝히는 것으로 오해를 받을 수도 있습니다. 여하튼 노란색이 광명光明이나 황인종을 나타내기도 하는 것을 보면 하나의 색깔이 다양한 의미를 나타내기도 하는 것 같습니다.

22

마지막 황제

'자주색을 띤 금지된 성'을 의미하는 자금성紫禁城은 명나라를 건국한 주원장朱元璋의 아들 주체朱棣 후의 永乐帝가 지은 황궁입니다.

왜 자주색이냐, 중국 천문학자들은 우주의 중심인 북극성을 진한 자주색으로 생각했답니다. 그러니 당연히 하늘의 아들인 천자 즉 황제가 머무는 궁궐의 색을 자주색으로 칠해야 한다고 생각했습니다. 그래서 자금성의 담장은 붉은빛이 감도는 자주색으로 칠해져 있고, 지붕은 죄다 황색입니다. 황색은 오행과 관련이 있는데, 오행에서 천하의 중앙은 토土이고 황색입니다. 천자는 천하의 중앙에 서 있다는 생각에서 비롯된 것입니다.

여하튼 반란을 일으켜 황제가 된 주체는 황위에 오른 뒤에 연호를 영락이라고 칭하게 됩니다. 원래는 북방 몽골족의 침입을 막고 자신의 권력을 다지기 위해 영락永乐 4년에 수도를 지금의 베이징으로 천도한 후에 15년간 100만 명의 인원이 동원되어 자금성을 완성합니다. 자금성은 총 넓이가 72ha로 800여개의

건물과 8,880개의 방이 있고, 바닥은 40여 장의 벽돌을 겹쳐서 쌓아 땅 밑에서 올라오는 침입자를 막았다고 합니다. 자금성은 두 지역으로 나눌 수 있는데요. 남쪽 구역은 황제가 매일 정무를 보는 곳이고 북쪽 구역은 황제와 그 가족이 거주하는 곳이었다고 합니다. 건물은 주로 목재로 지어졌으며 지붕은 전통적인 왕의 색깔인 노란색으로 칠해져 있습니다. 명나라 뒤를 이어 들어선 청나라의 열 명의 황제들이 자금성을 정부 소재지로 삼았습니다. 그럼, 자금성은 왜 이름이 자금성일까요? 그 이유는 황제의 허가 없이는 그 누구도 안으로 들어오거나 나갈 수 없기 때문이라고 합니다.

짜사이

명·청대에 걸친 500여 년간 24명의 황제가 살았는데, 중국의 마지막 황제 푸이(溥仪)를 끝으로 아무도 살지 않는 주인이 없는 곳이 됩니다. 현재는 고궁박물관으로도 불리며 유네스코 세계문화유산으로 보호받고 있습니다. 자금성하면 따라오는 수식어가 바로 영화 '마지막 황제'입니다. 자금성에서 19000여 명의 엑스트라를 동원하여 찍은 작품인데요, 1987년 60회 아카데미 시상식에서 9개 부분을 수상했다고 합니다.

23

강물 색깔마저 노랑?

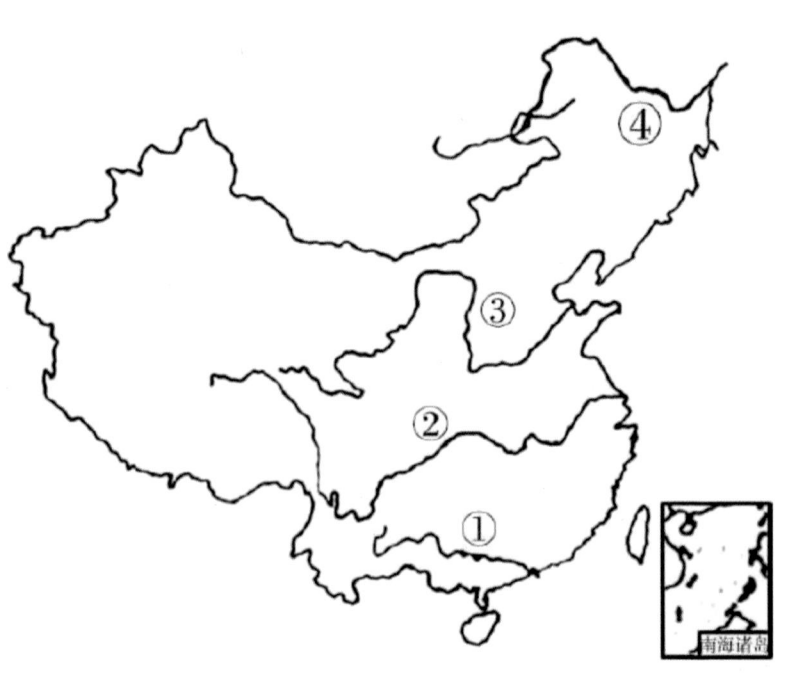

　말 그대로 누렇다黄와 강河의 만남으로 만들어진 황하黄河, 티벳고원에서 화북평원의 황토지대를 지나기 때문에 강물의 색이 누런 흙탕물일 수 밖에 없습니다. 황하는 쿤룬산맥에서 시작해 산동성 발해만으로 흐르는 약 5400Km에 이르는 강으로 중국에서는 양쯔강扬子江 다음으로 길며, 세계에서 다섯 번째로 긴 강입니다. 그림에서는 3번이 황하입니다.

　그렇다면 중국에서 가장 긴 강은? 네, 바로 양쯔강입니다. 중국 서부의 칭하이성青海省에서 남동쪽의 상하이上海까지 11개 성급행정구역에 걸쳐 있습니다. 전체 길이는 6,300Km로 중국 대륙의 중앙부를 횡단하는 중국에서 가장 길고, 세계에서 세 번째로 긴 강입니다. 그림의 2번이 바로 양쯔강입니다.

　그림의 4번은 중국의 북동 지역과 내몽고지치구의 경계를 따라 발원하는 총 길이 2824Km의 흑룡강黑龙江입니다. 그림의 1번은 전장 2400Km의 주강珠江입니다. 원래는 광주广州에서 바다로 흘러 들어가는 하도河道를 지칭하였으나 이후 서강西江, 북강北江, 동강东江 및 주강삼각주珠江三角洲의 제 하천의 총칭이 되었습니다.

중국에서는 예로부터 하河는 황하를 가리키고, 강江은 장강을 가리키는 고유명사였는데요. 왜 황하는 하를 양쯔강은 강을 쓰는 걸까요? 하는 구불구불한 물줄기를 나타내는 것이고, 강은 곧은 물줄기를 나타내기 때문이라고 합니다. 그림을 보면 어쨌든 황하가 장강보다는 살짝 구불구불한 것을 볼 수 있는데요, 중요한 것은 강이나 하 모두 강물을 나타낸다는 것이죠.

Chapter 6.

음차·음주와 문화

24
티타임

우리나라 일본에서는 다도茶道라는 표현을 사용하지만 중국에서는 다도라는 무겁고 거창한 표현보다는 차훼이茶会 차를 마시며 이야기를 나누는 것라고 합니다. 중국에서 차茶하면 대표적인 인물이 차의 성인圣人이라 불리는 당唐나라의 육우陆羽가 있는데요. 찻잎의 종류와 품질, 수확법, 차를 끓이는 기술, 다구 등에 관한 것들을 기록한 차경茶经을 집필한 사람입니다.

 차는 원래 상류층에서만 마셨고, 조상을 위한 제례, 신을 위한 의식용으로 사용되거나 왕과 조정에 바치는 공물로 사용되다가 당나라 이후에 불교가 성행하면서 정신을 맑게 한다고 해서 민간에서도 차를 마시는 습관이 정착되게 됩니다. 불교가 성행하는 것과 차의 보급이 어떤 관계가 있느냐면 사찰에서 불경 전파를 위해 스님을 파견했는데, 사람들을 모으는 도구가 바로 차였던 것입니다. 송대에는 차를 마시는 문화가 더욱 성행하게 되고 중국 전역은 물론 동남아 일대와 서구에 까지 퍼지게 됩니다. 차는 중국어 발음으로 차cha인데 어떻게 티tea라고 하게 되었을까요? 차의 북방식 발음은 차cha지만 일부 남방 방언에서는 테te라고 읽습니다. 북방쪽에서 수입한 인도, 일본 등지에서는 차cha로 읽지만 남방 쪽에서 수입한 영국 등 서방국가에서는 테te와 비슷한 티tea로 발음하다가 차가 티tea가 된 것이랍니다.

짜사이

차는 발효의 정도에 따라서 녹차불발효, 오룡차반발효, 홍차전발효, 흑차후발효로 분류합니다. 우리가 알고 있는 우롱차乌龙茶의 이름의 유래를 살펴볼까요? 복건성에 용龙이라는 이름을 가진 사냥꾼이 살았는데, 야생차를 채집해 생업을 꾸려가다 보니, 피부가 검게 그을려서 사람들은 그의 이름 앞에 오乌를 붙여 '오룡乌龙'이라고 불렀답니다. 하루는 산노루를 사냥하고 집으로 가져와 처리하느라 찻잎을 하룻밤 방치하게 되었고, 다음날 일어나 찻잎을 살펴보니 수분이 마르고 잎 주변이 갈색으로 변해 향긋한 향이 퍼져 나오는 것을 발견하게 되었습니다. 그 찻잎을 이용해 차를 만들었더니 그 맛이 매우 좋았다고 합니다. 이 경험을 살려 차를 만들어 팔던 오룡이 유명해지며 마을 사람들이 오룡을 기념하기 위해 이 차에 그의 이름을 따 "오룡차乌龙茶"라고 부르게 되었답니다.

25

일상다반사

　일상다반사日常茶饭事라는 말의 뜻이 차를 마시고 밥을 먹는 일, 즉 보통 있는 예사로운 일을 나타내는 표현인데요, 중국은 차茶 마시는 문화가 잘 발달되어 있습니다. 중국에선 있는 곳이 어디든지 주위를 둘러보면 사방이 찻집입니다. 우리나라와 일본에서는 다도茶道라는 표현을 쓰지만 중국에서는 차를 마시며 이야기를 나눈다는 의미의 차훼이茶会나 차화茶话라는 표현을 사용합니다. 그러니까 차를 마시는 일은 일상 생활의 일부라는 것입니다.

　중국사람들은 왜 차를 즐겨 마시는 걸까요? 중국 음식이 산도酸度가 높은 기름기가 많기 때문에 알칼리 성분의 차를 마시게 되면 발란스를 맞춰주고, 차 속의 타닌이라는 성분은 소화작용에 도움을 주기 때문이랍니다. 또한 차를 마시는 것이 갈증을 해소해줄 뿐 아니라 니코틴과 지방질을 분해하는데도 효과적이랍니다.

　중국에서 찻집은 차를 마시는 것 이외에 카드놀이打牌, 마작麻将 등의 놀이를 할 수 있는 공간입니다. 심지어 차찬팅茶餐厅 찻집+레스토랑과 같이 식사와 차를 함께할 수 있는 공간도 있으니까

요. 한국적인 정서로는 그림이 그려지지 않지만 유학시절 종종 지도교수님을 모시고 찻집에 가서 긴긴 시간 중국식 카드놀이跑得快, 斗地主를 하고 담소를 나누며 끊임없이 차를 마셨던 기억이

납니다. 당시 차를 너무 많이 마셔서 물배가 부른喝饱 적도 있습니다. 한번은 학교의 행사가 끝나고 술이 거하게 취하신 교수님께서 입가심漱漱口하자시며 찻집으로 걸음을 옮기셨습니다. 찻집에 가서 차를 마시며 카드놀이를 하는데 우스갯소리로 이런 말씀도 하셨습니다. 공부 못하는 학생들은 용서가 되어도 카드놀이 못하는 학생들은 용서가 안된다고 말이죠. 어쨌거나 중국에선 카드놀이 못하는 사람 없고, 자기 물병 안 가지고 다니는 사람 없습니다. 대부분의 사람이 차를 마시려고 본인의 물병을 들고 다닙니다. 생각해보니 우리나라 어디를 가도 시원한 정수기 인심이 박하지 않은 것처럼 중국은 어느 곳을 가더라도 차를 마시기 위한 뜨거운 물은 준비가 되어 있던 기억이 납니다. 참고로 알아두면 도움이 되는 중국 다도茶道의 핵심, 그것은 손님의 찻잔이 비지 않게 하라.

짜사이

중국에서의 '차를 마신다吃茶'는 또 다른 의미를 나타내는데요, 바로 '신부 측에서 신랑 측의 혼담을 받아들이다'라는 의미로도 쓰입니다. 이러한 풍습은 당·송 시기 이후에 생겨난 것으로 전해지는데, 혼담을 꺼내며 차를 예물로 보내던 것에서 시작되었다고 합니다. 차는 반드시 씨를 심어 키워야 하고 옮겨 심지 못한다는 이유에서 그렇답니다. 그래서 누군가가 내 여자친구가 내가 준 차를 마셨다는 것은 '내 여자친구가 나의 청혼을 받아들였다'라는 의미인 것이죠.

26

술이 빠지면 섭섭해

'无酒不成席, 无酒不成礼'풀이 하면 "술이 없으면 자리가 마련되지 않고, 술이 없으면 예의가 아니다"라 는 의미입니다. 한대汉代 사람들은 술을 하늘이 내린 선물이라 하여, 친지미록天之美禄이라 불렀답니다.

하나라 왕이었던 두강杜康은 하나라가 망하고 유우씨有虞氏에 게 도망가서 주방과 곳간을 돌보는 일을 맡았습니다. 어느 날 곳간에 넣어둔 음식에 곰팡이가 슬어 벌을 받게 되었는데, 곳 간에서 흘러나온 액체를 먹은 새끼 양 한 마리가 쓰러져 두강이 배를 가르려고 하자 그 새끼 양이 깨어나 달아나 버렸습니다. 두강도 그 액체의 맛을 보고는 취하여 정신을 잃게 되었고, 이 를 계기로 계속 연구에 매진하여 양조 기술을 개발하게 되었답니다. 이렇게 두강은 술을 상징하는 대명사가 되었습니다.

종류를 보면 수수, 좁쌀, 찹쌀 등을 이용하여 발효시켜 만드는 황주黃酒 여아홍女儿红, 밀이나 보리로 만든 누룩에 수수나 쌀을 원료로 하여 만드는 증류주 마오타이茅台酒, 오량액五粮液, 양조주나 증류주에 각종 식물성 약재나 꽃, 과일 등을 넣어 담근 보건주保健酒 죽엽청주竹叶青酒, 오가피주五加皮酒 그리고 맥주啤酒가 있습니다.

"양꼬치엔칭따오"라는 유명한 표현처럼 해마다 맥주 축제가 열리는 칭다오1903년가 맥주로는 제일 오래 되었을 것으로 생각하시겠지만 중국에서 가장 오래된 맥주 공장은 하얼빈1900년에 있다고 합니다. 맥주는 처음에 뜨거운 차를 마시고, 높은 도수의 백주에 익숙한 중국사람들의 입맛에는 맞지 않았고 '술'로 인정받지 못했다고 합니다. 나중에 맥주를 액체로 된 빵으로 홍보하면서 지금은 상온의 맥주를 마시는 사람들도 많다고 합니다. 어쨌든 중국사람들은 중요한 날에는 중요해서, 기쁜 날에는 기쁘니까 술을 마신다고 합니다.

짜사이

혹시 베이징삼락北京三乐이라는 말을 들어보신적이 있나요? 만리장성长城에 올라 오리 구이北京烤鸭를 먹으면서 마오타이주茅台酒를 맛보는 것, 이것이 바로 베이징삼락이랍니다.

27

치얼스

우리나라에서는 자신의 술잔을 상대방에게 건내고 술을 따라 주곤 하는데요, 중국에서 이렇게 하는 것은 상대에게 실례를 범하는 것입니다. 또 기억에 남는 것은 잔이 마를 틈이 없이 덜 마신 술잔에 첨잔을 하여 가득 채웁니다. 그리고 참석자 모두 돌아가면서 건배사举杯词를 하고 건배사가 끝날 때 마다 모두 잔을 들어 건배干杯를 합니다. 술잔을 부딪히며 술을 권할 때는 예의 상 상대방 술잔보다 약간 낮추며 부딪히고, 만약에 상대방과 거리가 있을 때에는 원탁 가운데 회전판에 잔을 부딪히며 상대방과 눈을 마주칩니다. 중국에서만 볼 수 있는 재미있는 술자리 동작이 하나 있는데요, 상대방이 술잔에 술을 따라줄 때 자신의 집게 손가락과 중지를 가지런하게 모아 술잔 옆에 두고 무릎을 꿇듯이 구부리고 탁자를 세 번 두드리는 것입니다. 첫 번째는 무릎, 두 번째는 양쪽 팔꿈치, 세 번째는 이마를 땅에 대는 것을 의미하는 것으로 원래는 황제의 은총에 감사를 표현하는 것에서 유래되었다고 합니다. 청나라 때 건륭황제가 신하들과 궐

밖으로 민정 시찰을 자주 나갔는데 이때 신하들과 저잣거리 주막에서 민간 복장을 하고 신하들의 술잔에 술을 따라 주려고 할 때 신하들이 아무리 궁궐밖이라도 감히 황제의 술을 예를 갖추지 않고 받을 수 없어 망설이며 어찌할 바를 몰라 했는데 이때 황제가 곰곰이 생각하다가 낸 아이디어라고 전해집니다.

짜사이

중국에서는 술을 강요하지는 않습니다. 술을 마시지는 못하지만 모두와 함께 그 분위기에 취하고 싶을 땐, 차나 물 아니면 음료수를 잔에 따라서 건배를 하면 됩니다. 이렇게 말입니다. "차로 술을 대신할께요以茶代酒" "물로 술을 대신할께요以水代酒" "탄산음료로 술을 대신할께요以汽水代酒"

Chapter 7.

음식 문화

28

금강산도 식후경

民以食为天민이식위천, 풀이하면 "백성은 먹는 것으로 하늘을 삼는다."는 말입니다. 이 말은 '사기史记'에 '王者以民为天임금은 백성을 하늘로 삼는다'는 구절과 함께 실린 말입니다. 먹지 못하면 생명을 유지할 수 없는 것이니 지극히 당연한 자연의 이치임에도 중국에서는, 중국인을 마주하면, 중국의 역사를 읽으면 더욱 공감이 됩니다. 중국의 역사를 보면 서민에게 있어 가장 중요한 것은 그저 하루를 살아내며 배불리 먹을 수 있는 먹는 문제의 해결이 제일 우선시 되었던 것을 볼 수 있습니다. 오죽하면 아직까지도 만나면 나누는 인사가 "밥 먹었니你吃饭了吗"겠어요?

진시황이 중국대륙을 통일하면서 "하늘 아래 황제의 땅이 아닌 곳은 없다普天之下莫非王土"고 말한 것처럼 모든 것의 주인은 천자天子였습니다. 고원에서 바다까지, 밀림에서 사막까지, 아열대기후에서 냉대까지, 실로 다양한 자연환경에서 생산되는 온갖 물산 중에서 가장 빼어나고 좋은 것은 모두 천자에게 향했습니다. 그가 주인이니 건강과 장수를 도모하는 것이 나라의

근본이었던 것입니다. 이것이 중국요리의 맛과 종류를 다양하게 만든 바탕이라고 할 수 있습니다. "요리 속에 그림이 있고菜中有画, 그림 속에 메시지가 있고画中有话, 메시지 속에 마음이 있고话中有心, 마음 속에 정이 있다心中有情."라는 말에서도 볼 수 있는 것처럼 정말 중국요리엔 마음을 표현하는 정이 담겨있는 듯합니다. 중국 요리는 각 지역의 이름을 내건 다양한 대표요리가 있는데요, 그것들은 절대권력인 천자를 위하기 이전 백성이 즐기고 하늘로 삼은 식위천食为天의 상징이기도 합니다.

어찌되었든 절대권력을 향한 장인들의 노력은 상상 이상의 요리를 만들어내고 이어져 내려오며 다양하게 발전했습니다. 이렇게 만들어진 최고의 요리는 천자의 거처로 모여드니 오랜 시간동안 수도로 자리한 베이징으로 모이면서 '베이징요리京菜'

라는 이름도 나왔지만 사실 중국에서는 베이징요리라는 이름은 통용되지 않습니다. 일반적으로 지역의 이름을 내세운 요리는 산동요리鲁菜, 화이양요리淮扬菜, 사천요리川菜, 광동요리粤菜의 4대 요리와 복건요리闽南菜, 호남요리湘菜, 안휘요리安徽菜, 절강요리浙江菜를 더한 8대 요리로 나눕니다.

짜사이

중국 명청明清시대에 황궁에서 일하는 요리사 중에는 산동성山东省 출신자가 많아서 조리장의 공통어는 산동 방언이었답니다. 그러니까 적지 않은 중국요리의 이름이 산동방언으로 되어 있고 우리말로 옮기는 과정에서 중국 보통화 발음과는 거리가 있는 발음들이 있는 것 같습니다. 여하튼 산동요리에는 北京烤鸭베이징덕, 糖醋鲤鱼탕추리위, 탕수잉어, 烤羊양구이 등이 있고, 화이양요리엔 狮子头사자두, 커다란 고기완자, 扬州炒饭양저우차오판, 양저우식 볶음밥, 锅贴꾸어티에, 군만두, 酸菜鱼쏸차이위, 사천식 절임김치로 만든 생선요리 등이 있고, 사천요리에는 麻婆豆腐마파두부, 鱼香肉丝위샹러우쓰, 사천식 고기 야채 볶음, 宫保鸡丁궁바우지딩, 산동에서 유래한 사천식 닭볶음, 回锅肉후이궈로우, 사천식 고기볶음, 麻辣香锅마라샹궈 등이 있으며, 광동요리는 广州文昌鸡광저우원창지, 광저우 문창닭 요리, 白灼虾바이주오시아, 삶은 새우, 老火靓汤라오훠량탕, 광동식 식전 탕 등이 있습니다. 중국엔 먹는 것은 광주食在广州에서라는 말이 있을 정도로 제비집, 개, 고양이, 뱀 등 특이한 식재료들을 이용한 다양한 요리들이 넘쳐납니다.

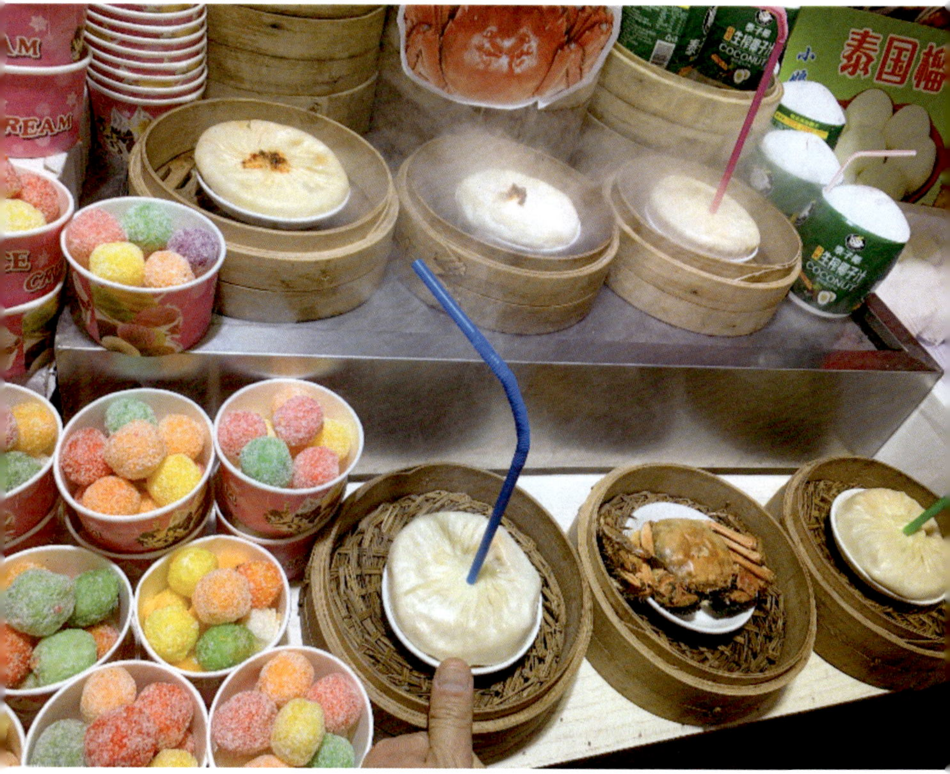
生榨椰子汁
COCONUT

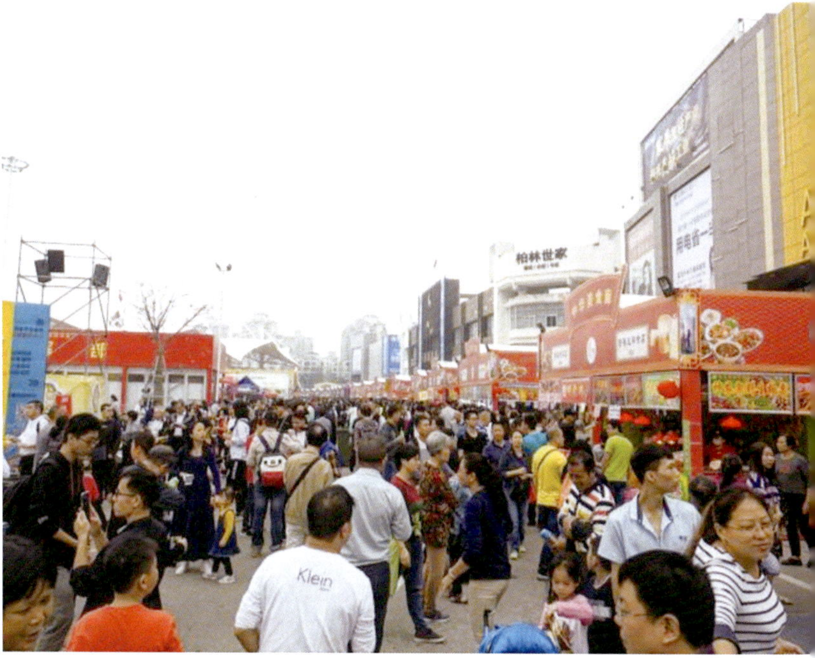
柏林世家
Klein

29

다 먹자고 하는 일

　우리나라에서는 일반적으로 의식주衣食住 중에서, 입는 것을 제일 앞에 놓습니다. 그래서인지 다른 사람의 눈에 어떻게 보여지는지 무척 중요하게 여기는 것 같습니다. 하지만 중국은 식의주食衣住 또는 식주의食住衣로 어쨌거나 먹는 것을 제일 앞에 놓고 무엇보다 중요하게 생각합니다. 중국에서 지내다 보면 중국사람들은 무엇을 입는가에 대해 그다지 신경을 쓰지 않는 것을 볼 수 있습니다. 적어도 우리나라와 비교해서 상대적으로 말이죠. 중국 사람과 일본 사람 그리고 한국 사람에 대해 이런 말이 있다고 합니다. 중국 사람은 먹어서 돈을 없애고, 일본 사람은 저축하느라 없애고, 한국 사람은 집을 옮기느라 없앤다는….

　한국 사람과 중국 사람은 음식을 대하는 태도도 다릅니다. 우리나라에서는 밥상앞에서 투정을 부리지 않고 밥은 한 톨도 남기지 않는 것이 예의죠. 위인들도 산해진미를 즐기는 미식가와는 상당한 거리가 있습니다. 하지만 중국은 임금, 학자, 예술가, 정치가 등등 식도락가들이 즐비하다는 것이죠. 사람이 살기 위해 먹는 것이지만, 중국사람들은 단지 먹기만 하는 것이 아니라 먹는 가운데서 즐거움을 찾고자 합니다. 이것이 바로 식도락이죠. 그리고 여기에 보신과 장수를 더해 의식동원医食同源의 약과 음식은 근원이 같다의 관념을 만들었습니다. 특히 중국사람들의 다양한 요리는 이러한 의식동원의 관념에서 기인하는 바가 크다고 할 수 있습니다.

짜사이

복싱선수들은 경기를 끝내고 나면 그렇게 내장탕을 먹는 답니다. 매를 많이 맞았으니 내장탕을 먹음으로 보신하는 것이라네요. 중국어에는 吃什么补什么 어떤 것을 먹음으로 어떤 신체부위를 보신한다라는 표현이 있습니다. 중국영화 The Left Ear 左耳에서는 선생님이 대입을 준비하는 학생들에게 다음과 같은 말을 하는 장면이 나옵니다. "기억력을 높이고 싶다면, 높은 점수를 원한다면, 그럼 홍사오러우红烧肉를 먹어". 홍사오러우는 말 그대로 '빨갛게 구운 고기'인데 통삼겹살을 간장과 설탕 등 향신료를 넣고 조리한 음식이거든요. 기억력을 높이고 싶다거나, 시험을 앞두고 높은 점수를 원하는 분들은 홍사오러우를 드셔 보시길.

30

동쪽이 맵게 먹는다고?

동쪽은 맵고, 서쪽은 시고, 남쪽은 달고, 북쪽은 짜다东辣西酸南甜北咸. 이것은 중국을 크게 동서남북으로 나누어 나름의 맛을 분류하는 표현입니다. 뭔가 좀 이상하지 않나요?

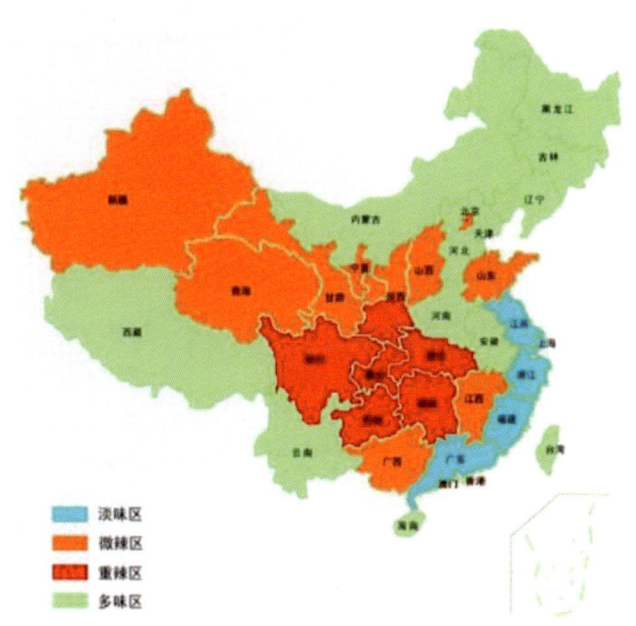

중국의 동쪽이면 연태, 천진, 상해 등 우리나라 인천에서 가까운 지역입니다. 이 지역의 음식들이 맵다? 아무래도 이 표현이 잘못되었거나 지역 설정이 잘못된 것이 아닐까요? 어쩌면 이 말은 중국에서 매운 음식으로 유명한 호남성湖南省의 서쪽지역에서 나온 말이지 않을까 생각해봅니다. 호남성 서쪽 지역의 사람들이 호남성 사람들을 가리켜 동쪽 사람들은 맵게 먹는다고 하던 것이 지금까지 내려져 왔다고 보는 것이 이 표현에 대한 합리적인 접근이라고 생각됩니다.

여기서 질문, 중국에서 사천四川지역의 요리가 제일 맵다? 그렇지 않습니다. 물론 사천지역도 매운 요리가 많지만 매운 음식으로 소문난 지역은 마오쩌둥毛泽东의 고향인 호남湖南이라고 합니다. 중국에는 어느 지역 사람들이 매운 음식을 제일 잘 먹는지에 대한 재미난 표현이 있습니다.

"사천사람은 매워도 괜찮음四川人不怕辣, 강서사람은 매워도 겁내지 않음江西人辣不怕, 호남사람은 맵지 않을까 걱정함湖南人怕不辣"

31

양꼬치앤칭따오

중국의 먹거리에 대해 얘기할 때, 절대 빼놓을 수 없는 것 중에 하나가 바로 '꼬치串'입니다. 串꿰미 천, 꼬챙이 찬, 이 글자를 가만히 보면 아래 위로 가지런하게 놓인 고깃덩어리를 꼬챙이로 꼽아 놓은 그런 모습 같지 않나요? 중국의 동북쪽에 있는 요녕성辽宁省, 길림성吉林省 등지의 조선족 거리에 가보면 '꿸'집이 그렇게 많습니다. 꿸 수 있는 것들은 전부 다 꿰어 구이로 먹는데요, 물론 오뎅꼬치처럼 국물에 담가 먹기도 합니다.

먹거리 하면 또 야식을 빼놓으면 섭섭하죠. 중국은 어딜 가나 다양한 먹거리를 파는 야시장이 있습니다. 중국의 야시장은 북송 시대 수도였던 개봉开封에서 시작되었다고 전해집니다. 중국 곳곳의 유명한 야시장들은 매일 밤 국내외 관광객들로 인산인해를 이룹니다. 야시장의 꽃은 '꼬치'라고 할 수 있는데요, 우리도 익숙한 닭꼬치, 양고기 꼬치, 해산물 꼬치 그리고 우리가 상상도 못하는 벌레 꼬치, 그리고 요즘 우리나라에서도 핫한 과일 꼬치糖葫芦도 있습니다. 꼬치 중에서 가장 시선을 끄는 것이 바로 벌레 꼬치인데, 전갈, 불가사리, 가재, 거미, 번데기, 지네, 물방개, 메뚜기 꼬치 등을 꼬치로 만들어 놓은 것입니다.

짜사이

상해에서 유학을 하던 시절입니다. 중국 어디서나 양고기 꼬치를 먹을 수 있는데, 제가 있던 상해에도 양고기 꼬치를 먹을 수 있는 가게는 많았습니다.

양고기 꼬치에 대해 여러가지 흉흉한 소문들이 있었는데요, 양고기 꼬치에 사용하는 고기가 양고기가 아니라 돼지고기 또는 고양이나 쥐의 고기를 양고기 향이 나도록 화학약품으로 뭔가 작업을 한다는 것이죠. 그래서 저와 제 중국인 친구는 어느 꼬치 가게를 가든지 꼬치를 주문하고 잘 구워진 꼬치를 받을 땐 먼저 하나를 주인장에게 주면서 주인장의 표정을 살펴봅니다. 뭔가 꺼리면 고기에 문제가 있다고 보고 저희도 먹지 않죠. 하지만 맛있게 먹는다면 저희도 의심의 여지가 없이 안심하고 먹는 거죠. 의사소통이 안되어 부담스러운 사람들은 그냥 칭쩐淸眞마크가 있는 회족식당으로 가서 드시면 됩니다. 적어도 회족들은 먹는 것으로 장난치지 않는다고 하더라구요.

32

짜장면

짜장면의 어원을 보면 작장면炸酱面입니다. 중국의 산동지역의 가정식이었던 작장면이 한국사람들의 입맛에 맞게 변하여 만들어진 음식이 짜장면입니다. 지금도 베이징에서는 라오베이징작장면대왕老北京炸酱面大王 등의 전문점에서 산동식 자장면을 판다고 합니다.

1883년 인천항이 개항하고, 임오군란을 진압하러 파견된 청나라 군대의 보급을 위해 들어온 중국인 노동자들은 거리가 가까운 산동성에서 주로 왔는데 이들이 인천항 근처에서 처음으로 한국의 차이나타운을 형성했습니다. 이후 1890년대 끼니를 해결하기 위해 정식 식당이 아닌 부두 한쪽에서 솥단지를 걸어 놓고 노점 장사를 시작하게 되었는데 이것을 인천 차이나타운의 시작이라고 보는 것이죠. 이때만 해도 중국식 짜장면이 만들어졌습니다. 산동지역의 음식과 비슷하게 돼지고기, 양파, 생강 등을 다져 산동지방에서 가져온 토속 면장 춘장과 함께 볶아 국수 위에 얹은 것입니다. 중국식 짜장면은 무척 짠 데다, 야채도

많이 넣지 않아서 짜장면을 찾는 사람은 대부분 중국 사람들이 었다고 합니다. 특히나 중국인 가난한 노동자들의 배를 채우는 단순 요깃감으로 인식되어 우리나라 사람들에게는 별로 인기가 없었구요. 이후 화교 공동체가 자리를 잡아 가면서 정식 중국요리집이 생겨났고, 당시 식당을 운영하던 화교가 춘장을 묽게 하여 짠맛을 줄이고 거기에 삶은 고기와 양파, 완두콩을 섞어서 새로운 맛의 짜장면을 탄생시켰습니다. 이것이 바로 한국식 짜장면의 시작이고, 이때부터 짜장면이란 말이 유행을 타기 시작했습니다. 서민 음식이었던 짜장면을 정식 중국요리집에서 찾는 사람들이 많이 늘자 중국 산동지방에서 본토의 수타手打 기술자를 불러오면서 짜장면은 이전의 칼국수면에서 수타면으로 바뀌게 되었다고 합니다.

 짜장면은 1945년 이후에서야 우희광이라는 화교에 의해 오늘날의 짜장면의 모습을 갖추게 됩니다. 1950년대 중반 이후 전쟁으로 피해를 입은 한국이 많은 양의 밀가루를 원조받게 되면서 밀가루와 짜장소스의 만남을 통해 짜장면이 대중화되었다고 할 수 있습니다.

짜사이

짜장면의 원조는 공화춘입니다. 하지만 우리나라에 이름만 원조인 공화춘이 얼마나 많던가요. 여러분, 실제 원조 공화춘의 맥을 이어온 곳은 신승반점新胜饭店이랍니다. 원조 공화춘 우희광씨의 외손녀가 운영하는 식당이라고 하네요.

Chapter 8.
숫자와 문화

33
행운넘버 육팔구

우리는 럭키 세븐 이라고 숫자 7을 행운의 숫자로 보는데요, 중국사람들에게 있어서도 7은 행운의 숫자일까요? 그렇지 않습니다. 그러면 중국사람들에게 있어 행운을 가져다 주는 숫자는 뭘까요? 중국인들이 가장 좋아하는 숫자는 8bā입니다. 왜냐하면 숫자 8과 发财fācái 의 대박이 나다의 发fā와 발음이 비슷해서 좋아한다고 합니다. 숫자 6liù은 流liú 순조롭게 흐르다와 음이 같아서 좋아하고, 숫자 9jiǔ는 久jiǔ 지속되다와 발음이 같아서 좋아라 합니다. 우리 문화에서 숫자가 가지는 상징성이라고 해봐야 행운의 7, 죽을 4 정도지만 중국에서는 숫자 하나하나가 내포하는 의미가 중국사람들의 생활의 많은 부분에 영향을 줍니다. 그래서 전화번호, 차량번호, 개업일, 기념일 등을 정할 때 숫자가 가지는 의미를 고려해서 정한다고 합니다. 심지어 출산일도 조절할 정도로 집착을 한다니까 이 정도면 특정 숫자를 선호하는 정도가 아니라 미신에 가깝다고 봐도 되겠습니다. 그럼 살짝 0부터 9까지 숫자들이 나타내는 의미를 살펴보도록 하겠습니다.

0 你 너
1 要 원하다
2 爱 사랑하다
3 散,想 흩어지다, 그리워하다
4 死 죽다
5 无(= 没有), 吾 (=我) 없다, 나
6 流 순조롭게 흐르다
7 气, 起 화나다, 일어나다
8 发, 吧 대박나다, ~하자
9 久, 就, 酒 오래 지속되다, 무조건, 술

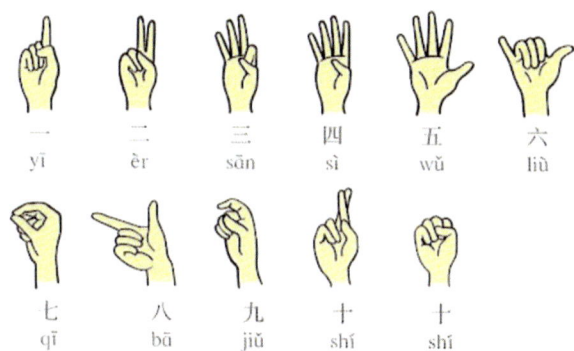

이제 숫자들을 조합하면 다양한 의미가 만들어집니다. 숫자 하나가 여러가지 의미를 나타내기도 하고 좋은 의미와 나쁜 의미를 모두 나타내기도 합니다. 숫자를 조합해서 표현을 만들 수 있습니다. 예를 들어서, 520의 각각의 숫자들의 의미를 조합하면 난 널 사랑해我爱你가 되는 것입니다. 예를 들어 회사의 대표번호가 3774라고 한다면 흩어져서 화가 나고, 화가 나서 죽겠다散气气死 라는 의미가 만들어지니까 뜻을 하나로 모으고 단결해야 하는 회사의 번호로는 그리 이상적인 번호는 아니겠네요. 하지만 5918 같은 조합은 나는 무조건 대박이 나야 해我就要发의 의미를 나타내기 때문에 개인도 회사도 선호하는 번호가 되겠습니다. 개업하는 날을 9월 18일, 개업 시간도 9시 18분으로 맞춘 다던지 하는 부분들도 숫자에서 나타나는 해음현상으로 자신의 길흉화복이 결정될 수 있다고 믿는 중국사람들의 생각을 반영하고 있다고 볼 수 있습니다. 오죽하면 베이징 올림픽은 2008년 8월 8일 8시 8분에 개막식을 했잖아요. 사실 서울 올림픽이 열리던 해 중국이 그렇게 올림픽을 유치하고 싶었다고 합니다. 왜냐하면 서울 올림픽이 1988년에 열렸으니 숫자 하나하나가 가지는 의미가 중국사람들에게는 아름다울 수 밖에 없겠죠. 그뿐만이 아닙니다. 상하이의 진마오타워金茂大厦는 88번지에 층수도 88층, 홍콩디즈니랜드는 면적이 $888m2$, 마오쩌둥毛泽东이 세운 만리장성 기념비도 해발 888m에 있습니다. 2014년 1월 경매에서 奥B8888R 자동차 번호판의 낙찰가격은

RMB 128만 위안한화 약 3억2000만원이었습니다.

참고로 중국에선 2008년 8월 8일 출생한 아이들 또한 무척 많다고 합니다. 자, 여러분의 전화번호 속의 숫자들은 어떤 의미를 나타내고 있나요?

짜사이

중국에선 차량번호판을 사고 팔 수 있고 대대손손 물려줄 수도 있습니다. 상해의 경우는 차는 소유하고 있어도 차량번호판이 없어 운행을 못하는 경우도 많다고 합니다. 전화번호도 본인의 선호도에 맞게 구매할 수 있지만 나름 좋은 번호는 가격이 아래 사진으로 볼 수 있는 것처럼 누구라도 갖고 싶어하는 전화번호는 휴대전화의 가격보다 훨씬 더 비싸다는….

号码	价格	归属地	号码	价格	归属地
15210536555	888	北京	18580403333	8960	重庆
15611551444	450	北京	16730874444	2800	抚顺
18201392333	588	北京	13048350000	9620	重庆
13052534999	388	上海	17119746666	6372	重庆
13044104777	388	上海	17028970000	4550	海口
16601384111	588	北京	13760667777	68888	广州
13042114000	388	上海	17084475555	5200	东莞
16624767222	300	广州	15523336666	81250	重庆
15692003111	198	广州	17137447777	7930	邵阳
15626435333	388	广州	13167870000	9620	重庆
13044601000	388	上海	16733356666	19500	秦皇岛
13249944777	888	东莞	13252091111	16200	湖州
13189165222	188	广州	16741401111	3250	驻马店
18612527444	388	北京	18596769999	100000	福州
15210539111	588	北京	16234961111	4320	驻马店
13023154555	388	上海	16743783333	3900	南阳
16601546000	588	北京	15520035555	9620	重庆
13716185333	588	北京	15557213333	16120	湖州

34

마흔이면 불혹

나이 40이면 유혹에 흔들림 없다는 불혹不惑인데, 마흔을 훌쩍 넘어선 저의 마음은 왜 이렇게 갈대와 같이 이리저리 흔들리는지 이해할 수 없는 요즘입니다. 논어论语 위정为政편에는 다음과 같은 내용이 있습니다.

"子曰 : 吾十有五而志于学, 三十而立, 四十而不惑, 五十而知天命, 六十而耳順, 七十而從心所欲, 不踰矩."

풀이하면 공자는 '나는 열 다섯에 배움에 뜻을 두었고, 서른이 되어서는 자립했으며, 마흔이 되어서는 흔들리지 않았고, 쉰이 되어서는 하늘의 뜻을 알았고, 예순이 되어서는 귀가 순해졌고, 일흔이 되어서는 마음이 가는 대로 따라도 법도를 넘지 않았다'고 합니다. 지금 여러분의 삶은 어느 단계를 지나고 있나요?

이것 말고도 나이를 나타내는 표현들이 있습니다. 61세가 되면 태어난 간지干支의 해가 다시 돌아온다고 해서 환갑還甲, 71세는 여든을 바라보는 나이라 해서 망팔望八, 80세는 산수傘壽라고 하는데요, 傘자를 잘 보면 거꾸로 된 八과 十이 들어있죠? 81세는 아흔을 바라보는 나이라 해서 망구望九, 90세를 가리키는 말은 졸수卒壽라고 하는데 卒자를 초서로 쓰면 구와 십이 더해진 卆 모양이라서 그렇게 부른답니다. 91세는 백세를 바라본다고 망백望百, 100세는 하늘이 내려준 나이라 해서 상수上壽라고 합니다.

짜사이

99살은 백수白壽라고 하는데요, 99살이 '하얀 나이'라…. 좀 이상하지 않나요? 왜 그렇게 부를까요? 百에서 一을 빼고 나니 白이 남았죠? 그래서 백수라고 한답니다.

Chapter 9.

호칭·명칭과 문화

35

짱깨가 사장님?

 짜장면을 가리켜 '짱깨'라 하고 중국사람들을 가리켜 '짱깨', '짱꼴라'라 합니다. 어떻게 하다가 '짱개'라고 부르게 된 걸까요? 짱깨는 표준국어대사전에 등재된 한글로 백과사전에선 짜장면과 발음이 비슷한 것에서 중국인을 짱깨酱狗라고 한다는데요. 뭐 중국이 땅도 크고 사람도 많고 사투리 또한 많으니까 짜장면을 저렇게 발음하는 곳도 있을지 모르겠습니다. 실제로 짜장면을 나타내는 말은 자찌앙미엔炸酱面이니까 그래도 조금은 거리가 있어 보입니다. 그래서인지 '짱깨'라는 말은 '장꿰이掌柜'에서 온 것이라 보는 것이 더 설득력이 있어 보입니다. 사전적인 의미로 보면 짱꿰이는 가게 주인, 사장 혹은 지배인을 의미합니다. 어떻게 가게주인이나 사장을 가리키던 말이 중국인을 가리키게 되었을까요?

 지금은 구로, 안산 등 폭넓게 중국인의 상권이 형성되어 있지만 시간을 거슬러 올라가보면 중국 내에서의 여러가지 혼란한 상황을 피해 산동성山东省을 통해 인천항으로 들어온 사람들

이 할 수 있었던 것 중에 하나가 요식업이었겠죠? 우리나라 사람들이 또 궁금한건 못참으니까 중국 사람이 운영하는 식당에 가서 먹어보겠죠. 자, 식사가 끝나고 손님이 계산을 하기 위해 종업원을 찾으니 종업원은 "사장님 계산이요~"할 거란 말입니다. 그 상황을 중국어로 살짝 바꾸어 보면 "장꿰이掌柜, 마이딴掌柜"입니다. 중국식당에서 사장님, 사장님하고 부르면 '장꿰이, 장꿰이'가 되는 것이고 그렇게 우리에게 중국인은 장꿰이로 자리를 잡게 되고 나중에 발음의 변화로 짱깨로 자리잡게 되지 않았을까 하고 생각해보는거죠.

짜사이

처음 건너온 대부분의 중국사람들은 산동사람들이지 않을까 싶은데요. 그 이유는 중식당의 메뉴를 통해 짐작해볼 수 있습니다. 깐풍기干风鸡, 라조기辣椒鸡, 기스면鸡丝面 등에서의 '기'는 닭을 의미하는 것으로 산동지역에서는 '기'라고 읽지만, 보통화에서는 '찌'라고 읽기 때문입니다. 그리고 요즘은 중국에서 사장님을 부를 때 라오반老板이라고 합니다. 이 말은 보스를 의미하기도 합니다. 또한 학생들사이에서는 지도교수를 가리키는 말이기도 합니다.

36

난 왕씨

성姓은 여자女와 생生이 합쳐진 한자로 '여자가 아이를 낳았음'을 뜻합니다. 이 글자로 오래전에는 어머니 성이 중심인 모계 사회였다는 사실을 짐작할 수 있습니다. 지금은 우리나라와 중국 모두 대부분 아버지의 성을 따르고 있지만 말입니다. 중국에선 남성의 성별이 과도하게 높아 성비 불균형 문제가 제기되었습니다. 안휘성安徽省의 한 도시에서는 '성씨개혁'을 제시했는데요, 신생아가 엄마 성을 따르면 바로 장려금 RMB 1000위안 한화 18만원을 주기로 했답니다. 왜 이런 정책을 만들었을까요? 바로 남녀평등을 추진하기 위해서입니다. 무조건 아버지 성을 따르는 데서 남성 우월 중심 사상이 생기고 남아 선호 사상이 생겨 남성이 여성보다 많은 성비 불균형 문제가 생겼다고 보는 것입니다.

중국도 우리나라와 마찬가지로 중국에서도 한 글자 성씨가 대다수입니다. 한 글자 성씨는 총 6931개이며 2014년도 1월 통계 기준으로 가장 많은 성씨는 바로 '왕王'씨 입니다. 왕王, 이

李, 장张 씨 만도 2억 7천만 명으로 전체 인구의 8%를 차지한다고 합니다. 북방 지역은 '왕王'씨가 전체의 10%, 남방 지역은 진陈씨가 10%, 남북을 가로지르는 양쯔강扬子江 유역은 이李씨가 7%를 차지하고 있습니다. 지역별로 성씨 분포가 다른 것도 중국의 특징입니다. 그렇다면 가장 적은 성씨는 무엇일까요? 재난을 뜻하는 난难씨와 죽음을 뜻하는 사死씨입니다. 우리나라에도 남궁南宫, 황보皇甫 같은 복성复姓이 있듯이 중국에도 두 글자

이상의 복성이 있는데요, '鲁纳娄于古母遮熟多吐母苦啊德补 啊喜'와 같이 무려 17글자로 된 성씨도 있습니다. 성씨의 기원 도 다양합니다. 노卢, 채蔡, 오吴, 위魏, 한韩 씨와 같이 나라 이름 에서 기원하거나, 동곽东郭, 서문西门, 관关 지池, 도涂 씨와 같이 지명이나 방위에서 유래한 성씨가 있습니다. 관직이나 직업에 서 비롯된 전钱, 사史, 사마司马, 도陶 씨도 있답니다.

37
이름이 뭐에요?

"이름이 뭐에요你叫什么名字?"는 중국어의 기본적인 표현입니다. 오래전 학교 캠퍼스에서 아이와 산책하다가 어르신 한 분과 마주쳤는데, 그 어르신께서 우리 아이에게 많이 컸다고 하시며 "이름이 뭐에요?"라고 물으셨는데, 우리 아이가 "전화번호 뭐에요?"라고 대답을 했던…. (당시엔 포미닛의 "이름이 뭐에요?"라는 노래가 유행했었다는~) 그래서 민망했던 경험이 있습니다. 이름을 나타내는 한자는 명名인데 뒤에 자字는 왜 있는지 궁금하신 적이 없으신가요? 자字의 사전적인 의미 중 하나는 '장가든 성인을 호칭할 때 본이름 대신 사용'입니다. 자, 시간을 거슬러 올라가 봅시다. 아이가 태어납니다. 그러면 이름을 지어주겠죠. 이 때 지어주는 것이 명名입니다. 나이가 들어 관직에 나가게 된다면 이 이름을 기준으로 등록을 하는 것이죠. 따라서 이것을 따밍大名이라고 합니다. '따밍'이 있다면 샤오밍小名도 있겠죠? 나름 어릴 때부터 주변에서 친근하게 부르는 이름이 바로 '샤오밍'입니다. 중국에서는 이름의 글자 하나를 반복해서 사용하는 방식으로 '샤오밍'을 쓰는데요. 예를 들면 小平을 平平, 泽东을 东东으로 부르는 것을 말합니다.

 자字는 성년이 되면서 공식적으로 외부에 알려지는 이름을 말합니다. 예기礼记에서는 '남자는 나이 20살이면 자를 주고 男子二十冠而字, 여자는 나이 15이면 자를 준다女子十五笄而字'이라는 내용이 나옵니다. 즉, 남자는 여자든 성년식을 거쳐 자를 사용하게 된다는 의미입니다. 어린시절부터 부르던 이름 외에 다르게 붙이는 호칭인 것입니다. 예를 들면, 공자孔子의 이름이 공구孔丘, 자는 중니仲尼, 노자老子의 이름이 이이李耳, 자는 노담老耽인 것처럼 말이죠. 실명을 부르는 것을 피하는 것은 상대방에게 경의를 표하고자 하는 생각 때문이랍니다. 중국만이 아니라 우리나라에서도 자를 사용하는 문화가 있었습니다. 우리나라는 호적법의 시행 이후 자의 사용이 줄어졌으며, 중국에서는 신문화운동을 기점으로 더 이상 자는 사용하지 않게 되었다고 합니다. 다만 이름을 나타내는 단어의 사용에 있어서는 하던 대로 '밍쯔'名字라고 부른답니다.

짜사이

중국 역대 주석들의 이름을 차례대로 살펴보면, 마오쩌둥毛泽东을 시작으로 덩샤오핑邓小平, 장쩌민江泽民, 후진타오胡锦涛, 시진핑习近平까지입니다. 쩌둥泽东은 '동쪽을 윤택하게 하다'로 풀이할 수 있는데, 중국에서 동쪽은 주인主人을 나타내는 방향이기도 합니다. 세상의 중심인 중국을 윤택하게 하기에 충분한 이름입니다.

샤오핑小平은 '작은 평화', '조용한 평강'이고, 쩌민泽民은 '백성의 삶을 윤택하게 한다'는 의미를 담고 있습니다. 진타오锦涛는 '비단처럼 넘실대며 도도하게 흐르는 파도'를, 진핑近平은 '평등과 평화로 가까이 다가간다'는 의미를 담고 있네요. 중국의 다음 주석은 어떤 이름을 가진 사람일까요?

38

아가씨

'샤오지에'小姐는 사전적인 의미로는 '아가씨'를 말합니다. 예전에는 식당이나 가게에서 여종업원을 '샤오지에'라고 불렀었는데요, 언젠가부터 여종업원을 푸우위엔服务员으로 부르게 되었습니다. 이유는 '샤오지에'의 호칭이 술집에서 일하는 아가씨들을 가리키는 말로 자리잡게 되었기 때문이랍니다. 그러니까 '샤오지에'도 하나의 직업군으로 보는 것입니다. "나는 술집에서 일하는 아가씨야我是做小姐的"라는 표현만 봐도 알 수 있죠. 식당이나 카페에서 종업원을 부를 땐 '푸우위엔'하고 부르시면 됩니다.

중국어에는 '샤오지에'처럼 같은 글자, 다른 느낌의 한자어들이 많은데요, 그 중에서 통즈同志, 아이쓰빙爱死病, 디엔신点心, 꽁쭈오工作, 스싼디엔十三点, 아이런爱人 정도만 살펴보도록 하겠습니다. 同志는 공산당이 결속을 다지기 위해 사용했던 용어지만 나중엔 동성연애를 하는 사람을 가리켜 同志라고 하고, 同志爱는 '동성연애'를 의미한답니다. 爱死病은 한자만 봐서는 마치 상사병처럼 순정적인 느낌이 나지만 '에이즈'를 의미합니다. 사랑해서 죽는 병이라는 얘기죠. 点心은 우리말로는 '점심'이 되겠습니다. 식당용어로는 '딤섬'이라고도 읽습니다. 보통화에서 点心은 점심도, 딤섬도 아닌 간식을 가리킵니다. 맛있게 식사하고 달달한 간식으로 마음에 점을 하나 찍는 것이죠. 물론 그냥 저의 꿈보다 해몽입니다. 전해지는 것에 따르면 딤섬 点心이라는 명칭은 동진때 한 장군이 전쟁에서 밤낮없이 적들과 싸우는 병사들에게 자그마한 마음의 성의를 전달点点心意하기 위해서 당시 전쟁이 치러지고 있던 지역의 민가에 부탁하여 그 지역의 음식을 전달하면서 격려했다는 고사에서 유래합니다.

工作는 공작인데요, 중국어로는 '일하다'라는 동사로서의 쓰임도 있고, '직업'이라는 명사로서의 쓰임도 있는 단어로 우리에게 나름 익숙한 '북파공작원'에서의 '공작'과는 다소 거리가 있죠. 十三点은 13시입니다. 오후 1시를 얘기하는 것이지만 중국어로는 '바보'를 얘기합니다. 아날로그 시계를 보면 숫자는 12시까지밖에 표시가 안되어 있잖아요? 13시라는 것은 궤도를 이탈했다 그러니까 살짝 맛이 갔다는 그런 해석입니다. 그래서 '他是个十三点'이라고 한다면 '그는 바보야'라는 뜻입니다. 爱人은 애인, 남자친구 또는 여자친구를 가리키는 것 같지만 중국어로는 남편 또는 부인을 말합니다. 중국어로 애인을 나타내는 말은 정인情人입니다. 그렇지만 정인은 떳떳하지 못한 사귐의 대상을 나타내기도 한답니다.

짜사이

神经病은 정신병을 말하는 것이지만, "미친X"로 더 많이 쓰입니다. 그러니까 욕이죠. 영화나 드라마에서도 많이 등장하는 표현으로 "미친 거 아니냐神经病啊!?"는 정도가 되겠습니다. 또 하나 깜짝 놀랄 만한 표현이 있습니다. 우리 모두가 인정하듯 외국어 학습에서 배우지 않아도 자연스럽게 그것도 가장 빨리 체득하게 되는 것이 욕 아니겠어요? 한류의 영향으로 만들어진 아이가 있는데 바로 阿西吧axībā 입니다. 뜻은 '경이로움, 놀라움, 분노'를 뜻하는 감탄사라고는 하지만 너무 '아 씨바'죠….

39

길과 거리

    우리는 주소를 이야기 할 때 공릉동의 삼육대학교, 태릉의 선수촌 등과 같이 말하지만 중국에서는 지번을 포함한 주소를 말합니다. 예를 들면, 복단대학复旦大学은 杨浦区 邯郸路 220号처럼 말이죠. 중국의 거의 모든 도로는 道와 路로 표시가 됩니다. 그 이름들은 대부분 중국의 지명으로 이루어져 있습니다. 예를 들면, 상하이에도 난징루南京路, 푸지엔루福建路, 우루무치루乌鲁木齐路, 푸동대도浦东大道, 스지대도世纪大道 등이 그렇습니다. 도道와 로路 모두 길을 의미하는데 왜 다르게 표기하는 걸까요?

    중국사람들이 나름 道와 路에 대해 구별해 놓은 것을 보면 "路는 도시와 시골, 광공업 기지 사이를 연결해 자동차가 주로 다니며 일정한 기술적 기준과 시설을 갖춘 도로를 말하고, 道는 각종 차량과 보행자의 통행을 위한 공사 시설을 말한다"고 합니다.

　도시에서는 남에서 북으로 통하는 길을 道나 路, 동에서 서로 통하는 길을 가街라고 부르는데요. 도시 밖에서는 일반적으로 모두 路로 부릅니다. 중국 고대에 路는 부府와 마찬가지로 행정구역을 나타내는 이름이었습니다. 街는 처음엔 도시에 많이 쓰였고, 남북과 동서의 구별도 없었는데, 나중에 이렇게 구별하여 부르게 된 것입니다.

40

화장실

洗手间xǐshǒujiān은 손을 씻는 곳, 다른 말로는 厕所cèsuǒ, 卫生间wèishēngjiān, 모두 화장실을 의미합니다. 절에 갔더니 화장실에 해우소解忧所라고 되어있더라구요. 근심을 해결하는 곳이죠. 어쨌거나 '洗手间'이 손을 씻는 곳이라고 손만 씻고 나오지 않잖아요? 손도 씻고, 얼굴도 씻고…. 얼굴을 씻는 것은 세면洗脸이니까 엄연히 다른 의미지만 우린 세수를 넓은 의미로 사용하고 있는 것 같기는 합니다.

자, 중국을 여행해 보신 분이라면 공감하실만한 부분인데, 갑자기 속사정이 생겨서 화장실을 가려고 하면 공용화장실이 보이지 않아서 하늘이 노랗게 변하는 경험 해보시지 않으셨나요?

물론 마트나 식당의 화장실을 슬쩍 이용해도 되지만 물건을 사거나 식사를 하는 손님이 아니라면 사정을 얘기해도 매몰차게 거절당하기 일쑤입니다.

요즘은 많이 좋아졌다고 하더라도 여전히 좌변기가 없이 벌받듯 쪼그리고 앉아서 용변을 봐야하는 화장실이 훨씬 더 많습

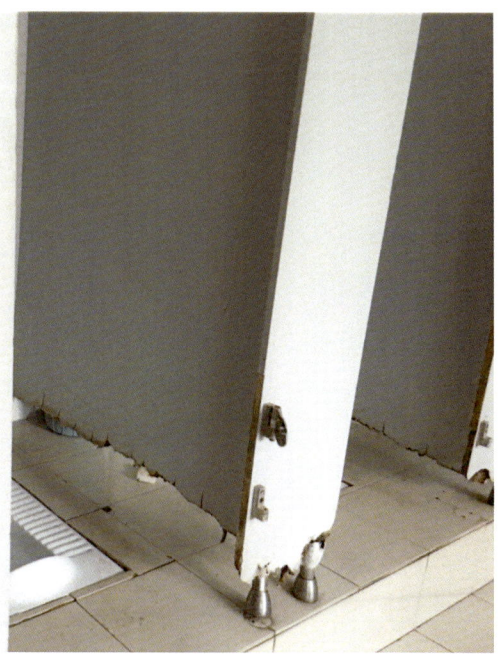

니다.

  특히 고속도로 휴게소에 있는 화장실은 여러분의 상상이 미치지 못하는 비주얼을 갖추고 있는 곳들이 많습니다. 정말 급한 마음에 화장실에 갔다가 용변을 보겠다는 의지가 꺾이는 그런 경험도 있습니다.

  사진 속의 화장실은 2018년 중국 동북부의 某대학 유학생들이 수업하는 건물의 화장실입니다. 그래도 저 정도면 양호하다고 보는 겁니다. 어떤 화장실은 앉으면 머리가 나오는, 그래서 고개를 옆으로 돌리면 옆사람이 보이는 그런 화장실도 있으니까요. 그런 화장실에서 볼일을 보고 있다고 생각해 보자구요. 다음 차례를 기다리는 사람을 마주하든, 아니면 등지든 상상도 하기 싫을 정도로 민망하지 않겠어요? 정말 생각만해도 아찔하죠? 2009년 운남성으로 봉사활동을 다녀온 친구에게 들으니 고속도로 휴게소에 들러 화장실을 갔는데, 여자들 한 무리가 남자화장실로 들어와서 나름의 속사정을 해결 하더랍니다.

그리고 보니 중국사람들은 자기 자신이 남에게 보여지는 것에 대해 적어도 우리만큼 그렇게 민망해하거나 부끄러워하지 않는 것 같습니다. 살짝만 시간을 거슬러 올라가 2002년 중국으로 유학을 갔을 때를 생각해보면, 많은 중국 여성들이 미니스커트를 입고 자전거를 타고 다니는 모습, 맥도널도나 스타벅스 매장에서 바깥쪽을 바라보며 다리를 벌리고 앉아있는 여성들을 봤던 기억이 있습니다. 당시 잘 이해가 되지않아 중국인 학우에게 조심스럽게 물어봤었습니다. 중국여성들은 속옷이 보이는 것에 대해 그리 부끄러워하지 않는 것 같다고…. 그랬더니만, 그 친구는 속옷이 보이는게 뭐가 문제냐며, 그리고 저에게 넌 그걸 또 왜 보냐고 그러더라구요. 그렇죠, 뭘 어쩌진 않지만 … 본의 아니게 보게 되는 사람을 민망하게 만드는 셈이죠. 여하튼 중국사람들은 보여지는 것에 대한 부끄러움은 그다지 없는 것 같습니다. 그리고 보니 이것이 꼭 여성들만의 문제는 아닌 것 같기도 합니다. 왜냐면 중국 북방에선 여름에 상의를 탈의하고 거리를 활보하는 중국인 남성들도 부지기수不知其数니까요.

짜사이

중국에선 공용화장실을 포함해서 일반적인 화장실에 화장지를 비치해놓지 않습니다. 이유인즉, 휴지를 가져가는 사람들이 많아서 그렇다고 합니다. 그렇기 때문에 중국으로 여행이나 출장을 갔는데 갑자기 속사정이 생기면 근처에서 가장 좋은 호텔로 갑니다. 적어도 호텔화장실은 격이 다르니까요.

Chapter 10.
생활과 문화

41

느림의 미학

중국사람들이 어떤가에 대한 질문에 대해 우리는 "만만디 慢慢地"라는 단어를 떠올리게 됩니다. '만만디'의 사전적인 의미는 행동이 굼뜨거나 일의 진척이 느림을 말합니다. '만만디'란 단어가 중국에 존재하는 것은 맞지만 우리가 이해하는 것처럼 자신들을 '만만디'라고 얘기하는 중국사람들은 없다는 것입니다. 심지어 중국사람들에게 "중국인들은 만만디잖아"라고 하면 그런 말은 어디서 들었느냐고 따져 물어보는 사람도 있습니다.

한번은 중국인 친구들과 상하이上海에서 우한武汉을 가게 되었습니다. 장거리 기차여행이라 처음엔 신나고 좋았지만 시간이 지나면서 지루한 시간이 계속되어 지쳐갈 즈음, 한 친구가 저에게 말을 건넵니다. "샤오피아오, 곧 도착해小朴, 马上到", 너무나 반가운 소식에 주섬주섬 자리를 정리하고 내릴 준비를 하고는 문 앞으로 이동하려는 순간 저를 보고는 재밌다며 박장대소를 터뜨리는 중국 친구들…. 뭥미? 어안이 벙벙한 저를 보며 하는 말이 충격적이었습니다. 이제 두 시간만 가면 도착한답니다. 아니 두 시간이 남았는데 "곧 도착해马上到"라니, 너무한 거 아니냐고 따지니까 그 친구가 하는 말. 우리가 기차로 20시간을 넘게 왔는데, 고작 두 시간밖에 안 남았으니 "곧 도착해马上到"지.

중국사람들의 행동양식이 우리에게 '만만디'로 느껴지는 이유가 어쩌면 우리와는 다른 차원에 사이즈에서 오는 차이가 만들어낸 것이 아닐까 생각해봅니다. 세계지도를 통해서 볼 수 있듯이 중국의 크기는 한반도의 44배니까요. 이렇게 넓은 땅에서 살다 보면 서두르지 않는 것은 너무도 당연한 것이겠죠. 물론 서두른다고 일이 빨리 진행되는 것도 아닐 테구요.

이러한 중국사람들의 사고방식은 그들의 언어표현 '천천히 드세요请慢用', '조심히 가慢走', '천천히 해慢慢来'등을 통해서도 알 수가 있습니다.

중국사람들과 시간개념을 따질 땐 단어가 가지는 사전적인 의미로 다가가기보다는 조금은 느긋하게 여유를 가지고 문화적인 개념으로 접근하면 좋을 것 같습니다. 어쨌거나 중요한건 적어도 중국에서는 나 혼자서 조급해 하고 짜증내며 서두른다고 해결되는 일은 아무것도 없다는 것입니다.

짜사이

중국사람들의 '만만디'성향은 의사결정을 하는 과정이 조금은 복잡하고 오래 걸리기 때문입니다. 어떤 결정을 해야할 상황에서 일이 잘못되었을 경우, 자신이 혼자 책임지게 되는 것을 무척이나 부담스러워하기 때문입니다. 중국에는 "느린 것은 겁나지 않아不怕慢, 그저 그냥 서있게 될까봐 걱정只怕站"이라는 속담이 있습니다. 조금 느리더라도 답답해하지 말고 여유를 가지고 느긋하게 기다리라는 거죠.

42

중국의 아킬레스건

중국사람들과 약속을 잡거나 부탁에 대한 대응을 할 때나 수많은 질문에 대한 반응에 있어 모호한 태도를 보이는 경우가 많습니다. 예를 들면, "나중에 얘기하자以后再说", "며칠 뒤에 다시 얘기하자过两天再说", "그때 가서 다시 생각해보자到时候再看吧", "비슷하다差不多", "거의 다 됐어差不多了" 등이 그러한데요, 이것들은 모두 명확하지 않고 모호한 중국사람들의 성향을 잘 나타내주는 표현들입니다. 분명하게 의사표현을 하고 싶지 않다거나 어떻게 반응해야 할지 판단이 잘 서지 않을 때 그들이 할 수 있는 가장 무난하고 훌륭한 대답이기 때문입니다.

중국의 저명한 현대작가 후스胡适는 그의 작품 『차부두오 선생 전기差不多先生传』에서 중국사람들의 정확하지 못하고 대충대충 넘어가려는 좋지 못한 성향에 대해 얘기하고있는데요, 내용은 다음과 같습니다.

『중국에 차부뚜어差不多라는 사람이 살았는데, 그는 '별차이없어 差不多'라는 말을 입에 달고 살았다. 그 중 한 예를 보면 그는 은행에서 일을 했는데 종종 十을 千으로 쓰고, 또 千을 十으로 쓰곤 했다. 이에 화가 난 은행지배인이 그를 나무라자 "千이나 十이나 한 획 차이인데 별 차이 없잖아요?" 하면서 대수롭지 않게 넘겼다. 이렇게 차부뚜오를 외치며 대충 살던 차부뚜오선생이 병이 들어서 급히 汪의원을 청했으나 그를 찾을 수가 없어서 대신 비슷한 이름인 王씨 성을 쓰는 수의사에게 진맥을 받았고 결국 죽게 되었다. 그는 죽는 순간에도 "사는 거나 죽는 거나 별 차이가 없지…."하며 숨을 거두었다. 그가 죽은 후 중국 사람들은 그를 대대적으로 칭찬하며 '관세음보살圓通大士'라는 법명을 붙여 주었고, 그의 명성이 높아감에 따라 많은 사람들이 그를 뒤따라서 차부뚜오선생이 되었다. 그러나 중국 사람들이 앞으로도 계속 이런 식으로 차부뚜오를 외치고 살아갈 경우 중국은 세계에서 가장 게으른 나라가 되고 말 것이다.』

차부뚜오라는 표현은 어떻게 중국에서 자리잡게 되었을까요? 시간을 거슬러 중국의 대약진 운동 시기로 갑니다. 당시엔 집단생활 방식이 도입되어 경쟁이 불필요한 시기였습니다. 식사도 무료로 제공되었으니까요. 그러니까 굳이 더 열심히 하지 않아도 되는 그런 시기였다는 거죠. 일을 열심히 한다고 급여가 늘거나 보너스가 주어지는 것도 아니고, 일을 게을리 한다고 급여가 줄거나 패널티가 주어지는 것도 아니기때문에 그저 시간이 흘러가기를 기다리던 그런 시기의 중국 사람들의 마인드라고 볼 수 있습니다.

짜사이

90년대 중 후반, 중국에서 백화점에 가면 점원들이 손님을 반기는 것은 고사하고 손님 보기를 동네 지나다니는 강아지 정도로 대했던 기억이 있습니다. 자기들끼리 삼삼오오 모여 앉아 잡담을 하거나 카드놀이를 하는데 정신을 쏟고 있는 거죠. 어쨌거나 고객인데 말이죠. 정말 이건 뭔가요 싶었는데 나중에 알고 보니 백화점이 크게 두 가지 형태라더군요. 하나는 민간이 운영하는 것과 다른 하나는 국가에서 운영하는 것. 국가에서 운영하는 것은 공기업이니까 매출을 얼마를 남기든 직원의 월급은 같으니까요. 굳이 열심히 일할 이유가 없지 않겠어요?

43

금보다 황금주 黃金周

전통명절名节과 현대기념일纪念日을 하나로 묶어 표현할 때, 절일节日이라는 표현을 씁니다. 전통명절에는 춘절春节, 청명절清明节, 단오절端午节, 중추절中秋节, 원소절元宵节, 중양절重阳节 등이 있고, 기념일에는 부녀자의 날, 노동자의 날, 청년의 날, 아동의 날, 건당일, 건군일, 국경일 등이 있습니다. 그 중에서 중국의 현대 3대 절일을 꼽자면 춘절, 노동자의 날, 국경일이라고 할 수 있습니다. 이러한 3대 절일을 중국에서는 황금주黄金周라고 부르는데, 연휴가 7일까지 주어지는 기간이라서 그렇답니다.

중국 신화통신에 따르면 2021년 노동절 기간 중국의 국내여행객수는 2억 3,000만명으로 전년대비 119.7%, 관광수입은 1132억으로 138.1%가 증가하면서 코로나 상황에도 불구하고 역사상 가장 높은 수준을 기록했다고 합니다. 노동자의 날 연휴가 끝나고 중국 SNS에는 "네 식구의 4일 지출액이 RMB 2만 위안이나 되지만 하나도 아깝지 않다四口人四天花费近两万, 舍得花"는 문구가 유행처럼 퍼졌습니다. 관광의 질을 높이는데 돈을 아

　끼지 않겠다는 중국 관광객들의 관광 개념과 규모 자체가 바뀌었음을 나타내주는 것으로 볼 수 있습니다.

　우리나라에서 적어도 일년에 두 번은 민족대이동이 일어나는 것처럼 중국은 바로 이 황금주에 엄청난 인구이동이 일어난다고 보면 됩니다.

　그러니까 중국여행을 계획한다면 중국의 황금주는 피하는 것이 바람직합니다. 그리고 우리나라에도 있고 중국에도 있지만 날짜는 다른 기념일이 있는데요, 대표적으로 어린이날 6월 1일과 스승의 날 9월 10일이 그렇습니다.

짜사이

새해를 나타내는 말은 씬니엔新年, 춘지에春节, 위엔딴元旦, 꾸어니엔 过年 등이 있는데요. 씬니엔은 신정, 구정을 모두 아우르고, 춘지에와 꾸어니엔은 음력 설을, 위엔딴은 양력 설을 나타낸답니다. 춘지에를 앞두고 가족을 만나러 가기 위해 무려 한 달 전부터 항공권, 기차, 고속버스 등의 예매는 거의 전쟁과도 같습니다. 왜냐하면 거의 15억 정도의 인구가 대륙을 종단 또는 횡단을 하기 때문입니다. 이렇게 중국에서 춘지에에 이동하는 모습을 가리켜 춘윈春运이라고 합니다.

44
꼴리는 대로 하기

나라마다, 사회마다 사람들이 즐겨 쓰는 단어가 있습니다. 우리는 그것을 통해 그곳 사람들의 사고 습관을 알 수 있습니다. 중국 공공기관에서 실시한 '중국어 단어 사용 실태 조사 보고'에 따르면, 중국사람들이 일상생활에서 가장 많이 사용하는 단어는 '아무거나随便', '정신 나갔어神经病'라고 합니다.

'아무거나'는 튀는 것을 싫어하고 남과 같음을 추구하는 특성을 또 다른 각도에서는 꼼꼼하고 집요한 면이 부족한 중국사람들의 특성과 태도를 보여주는 단어입니다. 중국 사람들의 머릿속은 '아무거나随便', '그런대로还好', '거의 비슷하다差不多'와 같은 종류의 말들로 채워져 있다고 볼 수 있겠습니다. 먹고 싶은 것이, 마시고 싶은 것이, 하고 싶은 것이 어떤 것인지 묻는 질문에 '아무거나'라는 대답은 "네가 원하는 대로 하자随你的便"는 의미가 될 수 있습니다. 하지만 친구가 어떻게 하면 좋을지 물어오는 상황에서 '마음대로'라고 대답을 한다면 그건 "네가 원하는 대로 해随你的便"의 의미보다는 "난 상관 없으니까我无所谓", "나랑은 관계 없음和我没关系"의 의미가 된다는 것입니다.

중국 하북성에서 2010년에 있었던 일인데요, 하북대학교 근처에서 승용차가 두 명의 여성을 치는 사고가 있었습니다. 이 사고로 한 명의 여성은 숨지고 다른 한 명의 여성은 중상을 입었습니다. 당시 사고를 낸 운전자가 차에서 내리면서 "우리 아빠가 누군지 알아? 우리 아빠, 리강이야我爸是李刚"라고 소리쳤다고 합니다. 이 사건 이후 인터넷 상에서 "우리 아빠는 리강이야"라는 말이 집안 배경만 믿고 만행과 추태를 부리는 고위 간부 2세를 비꼬는 유행어가 되었다고 합니다. 중국엔 무슨 무슨 2세를 나타내는 표현들이 제법 있습니다. 대표적인 것들로 홍얼다이红二代, 푸얼다이富二代, 관얼다이官二代, 싱얼다이星二代 등의 단어들입니다.

짜사이

얼마나 중국사람들이 본인의 의사를 드러내는 데 조심스러우면 아이스크림의 이름 조차 "아무거나随变"가 있을까요? 随便과 발음은 같지만 한자를 살짝 다르게 한 随变. 무더운 여름날 어떤 아이스크림으로 더위를 식힐까 고민될 땐 그냥 '아무거나'로.

45
울며 겨자먹기

중국사람들이 많이 쓰는 표현 중에 "방법이 없어没法子", "어쩔 수 없어没办法"라는 말이 있습니다. 그러니까 일종의 체념의 표현인 것이죠. 이런 표현은 어디서 온 것일까요? 바로 중국 민족의 발원지인 황하黄河에서 시작되었다고 볼 수 있습니다. 황하는 문명을 가져다 주는 동시에 홍수라는 재앙도 가져다 주었습니다. 사람들은 홍수 앞에서 속수무책일 수밖에 없었습니다.

그렇게 사람의 힘으로는 어찌할 방법이 없는 상황에서 하던 말이 바로 메이파즈没法子입니다. 다시 말해 참는 것 밖에 달리 방법이 없다没有办法는 뜻입니다. 그뿐만이 아닙니다. 중국의 역사를 살펴보면 평균 2년마다 1년씩 전쟁이 있었습니다. 사람들의 삶이 전쟁으로 얼룩지다 보니 삶의 의욕은 당연히 없겠죠. 뭔가 해보려고 하면 전쟁으로 다 잃게 되고 이러한 인생이 끊임없이 되풀이 되니까요. 그렇게 중국사람들의 인생은 처해진 상황을 순순히 받아들이고 인정하고 참는 것에 익숙해졌을 거에요. 그래서 그런지 중국사람들은 참는 것을 미덕으로 삼

고, 일상생활에서 참는다는 말을 많이 합니다. 장사를 하는데 있어서도 참는 것이 중요한 덕목 중 하나라고 합니다. 어떤 일을 처리하는 과정 중에 중국사람으로부터 "나도 방법이 없어요 我也没有办法"라는 말을 들으면 참 답답하고 화도 합니다. 하지만 저 역시도 메이파즈입니다. 왜냐면 달리 방법이 없으니까요….

짜사이

아이폰이 애플이잖아요? 그래서 중국사람들은 아이폰을 苹果사과라고 부릅니다. 여하튼 이 아이폰을 중국사람들도 좋아라 합니다. 매번 신상품이 나올 때 마다 엄청난 인파가 몰려요. 지나가던 사람들은 맥락을 모르고 사람들이 줄을 서 있으니까 그 뒤에 같이 줄을 서기도 한답니다. 한번은 무슨 상점 앞에 줄이 엄청나게 길게 늘어져 있길래 저도 슬쩍 줄을 서봤습니다. 그리곤 앞에 있는 사람에게 물어봤습니다. 도대체 무엇때문에 이렇게 많은 사람들이 줄을 서서 기다리고 있는 거냐구요, 그 사람의 대답은.. "나도 몰라요, 사람들이 서 있길래 나도 그냥 줄 서있는 거예요."

46
선물은 쌍으로

중국에서 혹은 중국사람들과의 교류에서 우리는 종종 실수를 하기도 하겠죠? 아마도 이런 실수는 법을 몰라서가 아니라 문화적 배경에서 오는 관습적인 "금기禁忌"를 몰라서 생기는 것이라고 생각됩니다. 중국에서는 금기를 기피하다忌와 피하다讳를 더해 忌讳라 쓰고 jihui라 읽습니다. 우리가 중국사람들을 이해하는데 있어서 중국사람들에게는 어떤 금기사항들이 있는지 알아 두는 것은 그들과의 교류에 도움이 될 것입니다. 금기라고 하는 것이 예로부터 인간이 통제할 수 없는 거대한 자연의 힘으로부터 자신을 지키고 두려움을 극복하기위해 만들어진 것으로 하늘을 이길 수 없으니 스스로를 단속하여 재앙을 피하려는 일종의 자발적 억제 행위라고 볼 수 있는데요, 중국은 56개의 민족이 살고 있으니 다른 어느 나라보다 금기 사항들이 많이 있습니다. 특히 식사자리에서의 금기사항들이 많습니다.

첫 번째, 요리는 7가지를 주문하지 않습니다. 제사를 지내고 나서 마시는 술과 함께 오르는 요리의 수가 7개이기 때문입니

다. 두 번째, 밥그릇 한 가운데에 젓가락을 꽂지 않습니다. 제사상을 연상시킬 수 있기 때문입니다. 세 번째, 생선요리를 먹을 때 한쪽 면을 다 먹고 나서 젓가락으로 생선의 몸통을 반대쪽으로 뒤집으면 안됩니다. 이렇게 하는 것은 배가 뒤집어 진다고 보고 어민들의 안전을 기원하는 마음으로 금기시합니다. 그래서 어떤 식당에서는 생선요리에서 생선을 세로로 세워서 접시에 담기도 합니다. 네 번째, 식사 중에 젓가락으로 밥그릇을 두드리며 소리를 내지 않습니다. 예의 없는 행동이기도 하지만, '먹을 밥이 없다'라는 의미를 나타내기도 하기 때문이랍니다. 마지막으로 식사가 끝난 후에는 "밥을 다 먹었다吃完了"고 하지 않고 "배부르게 먹었다吃饱了"고 표현합니다. 왜냐하면 중국에서 "밥을 다 먹었다"는 것은 이 세상에서 먹어야 할 밥을 다 먹고 저승에 간다는 의미를 담고 있기 때문이랍니다.

그 외에 결혼식 피로연에서는 과일 중에서도 배는 먹지 않는다고 합니다. 연인들도 배를 나누어 먹지 않는답니다. 왜냐하면 배梨의 발음이 이별하다离의 발음과 같아서 입니다. 또한 중국사람들은 시계를 선물하지 않는다고 합니다. 시계钟의 발음이 끝내다终의 발음과 같기 때문입니다. 그리고 산동지역에서는 손님과 첫 번째 식사를 할 때에는 만두를 주문하지 않는다고 합니다. 산동지역에서는 만두가 헤어질 때 먹는 음식이라 그렇답니다. 그럼 왜 헤어질 때 만두를 먹는 걸까요? 만두피는 보자기, 만두소는 정情, 그러니까 그동안 나눈 정을 듬뿍 싸서 가라는 의미를 담고 있기 때문이랍니다.

그렇다면 중국사람들은 어떤 선물을 주고 받을 까요? 대표적으로는 사과, 술, 귤 등이 있는데요. 사과는 苹果, 평안의 의미가 있습니다. 술은 酒, 오랫동안 지속되기를 바란다는 의미의 久와 해음으로 좋아하구요. 귤은 橘子, 길함吉利를 의미하기 때문입니다. 중국사람들에게 선물을 받으면 꼭 두 개씩 짝을 이루는 것을 볼 수 있는데요. 중국사람들은 하나로 된 사물은 불완전하며, 두 개가 쌍을 이루어야 완성되고 조화가 이루어 진다고 생각해서 짝수를 선호한답니다. 이것은 언어표현 好事成双 좋은 일은 짝을 이루어 온다을 통해서도 볼 수 있습니다.

47
위챗 하나로 만사 OK

 Wechat微信, 위챗은 2011년 출시된 소셜 미디어 및 채팅 앱으로 중국의 카카오톡이라고 보시면 됩니다. 위챗 플랫폼에서 9억 8천만 명 이상의 월간 사용자를 보유하고 있으며, 이 앱은 텐센트에서 제작했으며 전 세계에서 사용할 수 있습니다. 위챗은 중국에서 가장 인기 있는 소셜 미디어 및 채팅 앱으로 사용자 수만으로 본다면 페이스북보다 훨씬 더 많습니다.
 위챗은 카카오톡 같은 메신저의 기능을 가지고 있고, 꽤 오래전부터 카카오페이처럼 위챗페이가 많이 활성화되어 있습니다. 따라서 휴대폰만 들고 나가면 모든 것을 결제할 수 있답니다. 심지어 재래시장에 가더라도 현금의 이동이 아닌 위챗으로 결제할 수 있도록 QR코드가 준비되어 있으니까요. QR코드만으로 송금도 가능해서 요즘 중국에선 구걸하는 거지들도 목에 QR코드를 걸고 있다거나 QR코드를 내밀면서 도움의 손길을 요청한답니다.

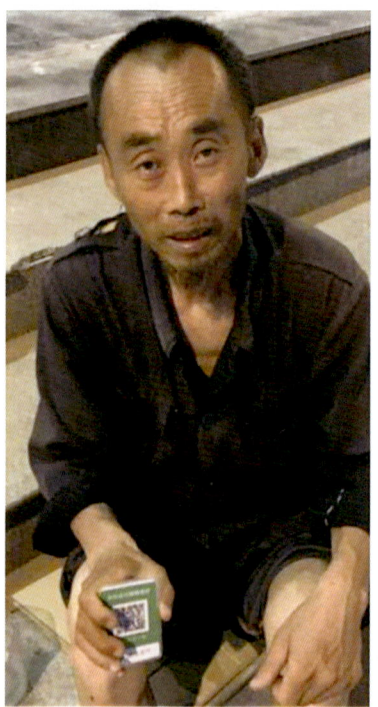

위챗은 여러가지 기능들이 다 들어있는 all in one 시스템같은 느낌마저 들기도 합니다. 우선 위챗과 연동된 띠띠滴滴로 원하는 차량으로 가고 싶은 곳까지 운전기사가 데려다 주는 서비스도 가능합니다. 그러다 보니 요즘 중국에서는 굳이 자가용을 필요로 하지 않는 분위기입니다. 원하는 시간에 선호하는 차량으로 가고 싶은 곳까지 데려다 주는 고급스러운 콜택시서비스가 있으니까요. 물론 다른 사람이 외부에서 보면 택시가 아니라 일반 차량이거든요. 뿐만 아니라 위챗으로 호텔스닷컴이나 아고다 만큼이나 편리하게 숙소를 검색하고 예약할 수 있습니다. 사실 중국에선 위챗만 있으면 다 할 수 있고, 위챗이 없으면 뭔가 어색하고 불편합니다. 그래서 중국친구들은 우스갯소리로 전화번호는 바뀔 수 있지만, 위챗 아이디는 바뀌지 않는다는 얘기를 합니다.

짜사이

중국하면 원래는 자전거 왕국이었는데, QR 코드를 찍고 이용거리와 시간에 따라 이용금액을 지불하면 되는 자전거의 등장으로 중국사람들이 더 이상 자전거를 사지 않는다고 하네요. 우리나라의 '따릉이'같은 공용전기자전거가 다양하게 존재합니다.

전기자전거의 경우는 지정된 주차공간이 있고, 그냥 자전거의 경우 별도의 지정된 주차공간이 없어 아무 곳에나 세워두면 됩니다. 누군가 걷다가 지치면 이용하면 되는 것이죠. 그런데 이런 공용 자전거의 QR 코드를 뜯어 본인이 소장하고 개인자전거처럼 사용하는 불량한 중국사람들도 있답니다.

Chapter 11.
인간관계와 문화

48

모 아니면 도?

중국사람들은 자신의 입장을 분명히 드러내면 '적'이 생긴다고 하여 애매모호한 태도를 보일 때가 많은데요, 그들 나름대로

는 가장 아름다운 안위책이라 여긴답니다. 중용中庸은 유가사상의 경전 중 하나인데 풀이하면 다음과 같습니다. 中은 치우치지 않음을 말하고, 庸은 바꾸지 않는다는 것을 의미합니다. 송대 주희朱熹는 치우치지 않는 것, 지나치지 않는 것을 중中, 평범한 것을 용庸이라 했습니다.

   정리하면, 어느 한쪽으로 치우치지 않고 중간 상태를 유지함을 의미합니다. 공자孔子는 중용이 도덕의 최대경지中庸之为得也라고 말했습니다. 고대로부터 내려오는 중용과 관련된 격언들을 살펴보면 다음과 같습니다.

   말을 할 때 할 말 안 할 말 다 하지 말라 话不能说得太满
   빠져나갈 구멍이 없이 너무 각박하게 말하지 말라 话不能说得太绝
   일을 할 때에는 여지를 남겨두고 하라 做事留点余地

   언어표현 중에서도 중간 상태를 가리키는 '不A不B'의 구성방식이 있습니다.

   길지도 짧지도 않다 不长不短   크지도 작지도 않다 不大不小
   위도 아래도 아니다 不上不下   좋지도 나쁘지도 않다 不好不坏

   그러니까 극단으로 치우치지 말라는 것이죠, 왜냐하면 오히려 역효과를 가져올 수도 있기 때문에 말입니다.

누군가는 중국사람의 겸손함도 중용의 표현이라고 합니다. 자, 중국사람이 다른 사람을 식사에 초대 했다고 가정해보자구요. 식사 전 손님을 초대한 중국사람이 다음과 같은 인사를 건넵니다.

집에서 평소에 먹는 음식이라 별로 맛있는게 없습니다
都是家常便饭, 没什么好吃的
요리는 그저 그렇지만 마음껏 드세요 做得不好吃你就将就着吃吧

여기서 중요한 것 하나. 만약 중국사람에게 칭찬을 들었다면 자신을 충분히 낮추는 천만에요哪里哪里, 그저그래요马马虎虎와 같은 겸손의 말을 해야지, 좋다고 고맙다谢谢고 대답하면 오히려 무시를 당하거나 경박하다는 소리를 듣게 된다는 겁니다. 그러니까 중국사람의 칭찬을 곧이 곧대로 받아들이고 고맙다고 대답하면 겸손하지 못한 사람이 되어버린다는 겁니다.

극단적인 것을 부정하고 중간으로 향하는 중국사람들의 중용, 그것이 때로는 지나친 겸손 내지는 자신감부족으로 보여지기도 합니다.

49

시소게임

전통적인 가치관의 영향으로 중국사람들은 자신감과 당당함을 내세우는 사람보다는 자신을 낮추고 속마음을 잘 드러내지 않는 사람을 더 좋아합니다. 이것은 공자孔子로부터 시작되었다고 볼 수 있습니다. 공자가 가장 사랑한 제자는 안회顔回 였습니다.

가장 열심히 하는 제자가 누구냐고 물으면 안회라고 답했고, 안회가 일찍 세상을 떠난 뒤에는 그를 따라갈 제자가 없다고 했답니다. 왜 일까요? 안회는 겸손의 아이콘이었기 때문입니다. 중국의 오랜 역사 속에서 중국사람들은 안회처럼 겸손하고 신중한 사람을 좋아하고, 자로子路 와 같이 솔직한 사람을 그다지 좋아하지 않았습니다. 그러다 보니 독립적인 사고와 자유로운 인격을 지닌 사람들을 만나기는 쉽지 않습니다.

중국사람들은 말할 때나 무엇을 할 때 신경 쓸 것이 너무 많아서 항상 스스로를 억제한답니다. 늘 자신을 감추는 것과 드러내는 것 사이에서 갈등하며 피곤하게 사는 거죠.

어쨌거나 중국사람들은 겸손을 아주 중요하게 생각합니다.

그래서 '사람을 대할 때엔 몸을 낮추고待人要低调, 일을 할 때는 몸을 세워서 적극적으로做事要立身积极'라는 말을 사회생활을 잘하는 비결이라 여깁니다. 겸손은 자신을 낮추고 가볍게 여기는 마음이지만 인간의 본성을 보면 진심으로 자신을 낮추고 가볍게 여기는 이는 드물다고 보는 겁니다. 겸손은 때때로 일부 사람들의 생존 전략이 되기도 하는데 진짜 속마음이 어떤 지는 알 수가 없습니다.

그렇다면 중국사람들은 왜 유난히 겸손을 강조하고 중시할까요? 바로 중국사람들의 체면을 중시하는 성향 때문입니다. 겸손은 상대방에 대한 일종의 예의입니다. 자신을 낮춰서 상대방의 체면을 세워주는 것입니다. 마치 체면이라는 시소를 타는 느낌인 거죠. 상대방이 올라가려면 내가 내려가야 하니까요. 더군다나 여럿이 있을 땐 더 복잡해 지겠죠. 왜냐면 체면은 총량이 정해져 있다고 보니까요. 누구 한 사람의 체면을 세워주면 다른 누군가의 체면은 깎이고, 반대로 다른 누군가의 체면이 깎이면 다른 누군가의 체면이 선다고 생각하는 것이죠. 그래서 중국사람들은 건배를 하면서도 자신의 잔을 상대방의 잔 바닥쪽으로 가져가 건배를 하잖아요. 어떻게든 상대를 높이고자 하는 거죠.

50

물음표

 중국은 오래전부터 신용을 중시해 왔습니다. 공자가 가장 강조했던 부분도 신의信义였습니다. "민이식위천民以食为天"이라고 '먹는 것을 하늘로 여기는' 중국사람들이지만 신의를 더 중시했습니다. 그렇게 신의를 강조한다는 것은 그만큼 신의가 지켜지지 않기 때문이 아닐까요? 다르게 보면 서로를 믿지 못하는 의심의 풍조가 만연했을 것이란 얘기입니다. 열 길 물속은 알아도 한 길 사람 마음은 모른다고 하지만 중국사람들의 마음은 도통 알 길이 없는 것도 사실입니다.

  작은 서랍부터 자전거 대문에 이르기까지 자물쇠로 걸어 잠그는 것을 보면 정말 중국 사람들은 남을 믿지 못하는 것 같습니다.

  춘추시대 송나라에서 있었던 이야기 입니다. 어느 날 비가 많이 와서 부자의 담이 무너지고 말았습니다. 아들은 빨리 담을 쌓지 않으면 도둑이 들 것이라고 말했고 이웃집 영감도 같은 말을 했습니다. 그날 밤 정말 도둑이 들었고 그 부자의 아들은 선견지명이 있다고 칭찬을 받았지만 이웃집 영감은 도둑으로 의심을 받았다는거죠. 역사적으로 보면 이웃하는 나라끼리도 서로 믿지 못하고 자식들을 담보로 사돈의 연을 맺어보지만 정권을 위해서 자신의 혈육을 희생물로 삼았던 경우가 얼마나 많았습니까? 성실하게 살아가는 일반 백성老百姓도 예외는 아닙니다. 열심히 농사를 지어 놓으면 천재지변이 일어나지 않으면 관리들이 수탈해갔었으니까요. 결국 믿을 것은 하늘도 사람도 아니었던 것입니다.

짜사이

유학시절 저의 중국인 친구는 자신의 자전거가 행여 도난 당할까 걱정하며 기꺼이 내버려도 될 상태의 자전거 값보다도 훨씬 많은 비용을 들여 자물쇠를 사서는 철통 보안을 유지하던 모습이 떠오릅니다. 어찌되었건 달라지는 것은 없습니다. 가져가려고 마음먹은 사람 앞에선 말 그대로 메이파즈没法子니까요.

51
중국진출의 핵심 키워드

중국사람들과 교류에 있어 그 시작과 끝은 바로 '꽌시关系'에 있다고 볼 수 있습니다. 이것은 우리의 빽back ground와 비슷한 느낌인데요. 참고로 중국이라는 나라는 '되는 것도 없고 안되는 것도 없는 나라'입니다. 따라서 열심히 최선을 다하는 것은 자신의 몫이지만 일의 성패를 좌우하는 것은 결국 '꽌시'라고 볼 수 있습니다. 그러다 보니 사람들은 저마다 '꽌시'를 가지기 위해 끊임없이 노력합니다. 그것을 '꽌시를 형성하다搞关系'라고 하죠. 이렇게 만들어진 인적네트워크를 가리켜 관계망이라고 합니다. 이런 관계망은 중요한 순간 지인 찬스 내지는 카드놀이에서의 조커처럼 사용할 수 있는데요. 이를 가리켜 '빽을 쓰다靠关系'라고 합니다.

'꽌시'가 이렇게 중요하다 보니 사람을 평가할 때 상대방이 가진 능력보다는 그 사람이 가진 '꽌시'가 더 크게 작용하기도 합니다. 다시 말해 그가 가진 역량이 어떠한지 보다는 그는 누구의 라인인지 내지는 이 사람의 관계망과 내가 어떤 관계에 있는지가 중요한 부분을 차지한답니다. 이러한 중국인들의 '꽌시'는 나름의 단계를 가지는데요, 일단 관계망 밖에 있는 사람은 나와는 관계가 없는 메이꽌시没关系, 남谋生人입니다. 이것에 출발하여 지인认识的人의 단계를 거쳐 친구朋友가 되고 나아가 관계가 잘 형성된 친구老朋友, 다음은 형제兄弟 즉 자기사람自己人으로 발전하는 것이죠.

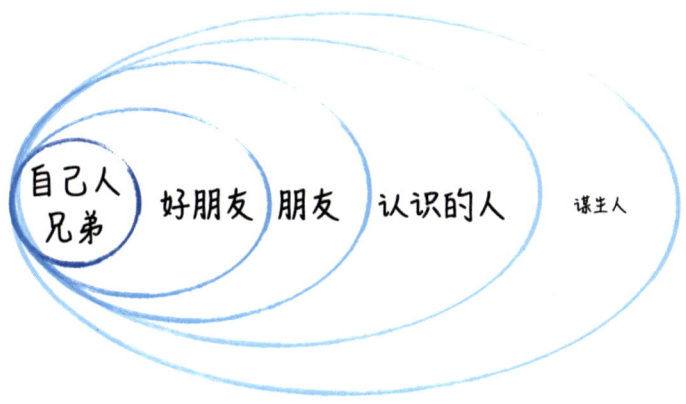

모르는 사람에서 자기사람으로 관계가 형성되는 것은 하루아침에 뚝딱 만들어지는 것이 아닙니다. 나름 오랜 숙성의 시간을 거쳐 만들어 집니다. 하지만 관계를 단기간에 빠르게 숙성할 수 있는 방법도 있습니다. 바로 지인의 소개, 추천장 등을 통하는 방법도 있습니다. 이것이 바로 중국의 추천장 문화인데요, 검증되고 믿을 수 있다는 보증을 서는 것과 같고, 이를 통해 새로운 관계가 형성되는 것이기 때문에 중국사람은 누군가를 소개를 하거나 추천장을 쓰는 데 있어서 매우 신중한 태도를 보입니다. 자칫 소개해주고 추천장을 써주는 본인의 관계망이 망가질지 모르기 때문이죠. 김치가 묵은지가 되어가듯이 시간이 지나면서 자연스럽게 다져지는 꽌시도 있지만 이해관계로 맺어지는 꽌시도 있습니다. 이해관계로 맺어지는 꽌시의 경우는 숙성에 필요한 시간만큼 선물, 식사, 현금 등 구체적인 뭔가가 들어가야 빠르게 관계망이 형성된다고 봅니다.

여하튼 중국사람들은 남과 자기사람自己人에 대한 구별이 분명하며 남谋生人에 대해서는 철저하게 무관심합니다. 하지만 일단 관계망에 들어온 사람은 특히 자기사람自己人에게는 정말 상상이상으로 한없이 관대하다고 보면 됩니다.

짜사이

중국에서 유학할 당시, 중국인 친구에게 주변 사람들은 소개받으면 호칭이 전부 사촌형表哥, 사촌남동생表弟 아니면 사촌누나表姐, 사촌여동생表妹이었죠. 나중에 알게 된 사실이지만 전부 사촌 관계가 아닌 이웃사촌 사이였다는 것….

52
목숨보다 중요한 것

   중국사람들은 체면面子을 목숨처럼 중요하게 생각합니다. 남에게 자신이 어떻게 보여질지, 어떻게 평가될지가 중국사람들에게는 그 무엇보다 중요하다고 볼 수 있습니다. 임어당林语堂은 『나의 나라 나의 백성吾国与吾民』에서 중국을 지배하는 세 여신으로 체면, 운명, 은전의 여신을 들었는데 이 중 가장 중요한 것은 체면의 여신이라고 했습니다.
   오래전 유방刘邦에게 패주를 거듭하던 항우项羽도 오강乌江을 건너 도망치면 목숨만은 지킬 수 있었지만 체면때문에 죽음을 선택했다라고 볼 수 있습니다. 그래서인지 중국사람들이 자주 하는 말 중에서 "죽어도 체면은 지킨다死也要面子"라는 말이 있습니다.
   체면의 끝판 왕은 뭐니뭐니해도 결혼식입니다. 결혼식 때 고가의 자동차로 퍼레이드를 하거나 헬리콥터를 타고 결혼식을 하는 모습들은 모두 호화 결혼식을 통해 자신의 체면이 깎이지 않게 하려는 중국인의 의식이 반영된 웃픈 풍경입니다. 중국엔 자신의 형편을 고려하지 않은 호화결혼식을 위해 몇 년치 월급을 기꺼이 내어놓는 젊은이들이 많습니다.

중국에서는 결혼식을 치를 때는 테이블 단위로 하객을 초대합니다. 그 말은 바로 결혼식초대장을 받지 못한 사람은 앉을 자리도 없다는 얘기입니다. 예식장의 테이블 숫자와 차려진 음식으로 그 성대함을 가늠할 수 있는데요, 어쨌거나 실제 능력에 비해 많고 화려하게 준비한답니다.

꼭 결혼식을 위한 음식이 아니더라도 식사를 대접하는 경우에도 필요 이상으로 많은 음식을 주문합니다. 체면을 차리기 위해서입니다.

가격 협상 방식에도 중국 특유의 체면 문화가 숨어있는 것을 볼 수 있는데요, 협상 가격을 터무니 없게 높게 부르는 중국의 협상 방식은 가격을 좀 더 받으려 하는 마음이 밑바탕이 되긴 하지만, 결국 처음보다 낮은 가격으로 결정하면서 상대방의 체면을 살려주는 심오한 상술이 담겨 있다고 합니다.

내 체면을 중요시 하듯 다른 사람의 체면 역시 중시하고 체면을 깎는 행동을 최대한 피하는 것이 중국 사람들의 처세법입니다. 그래서인지 중국 사람들은 바로 대놓고 나빠요不好, 안돼요不行 등의 극단적인 표현은 하지 않는 것 같습니다. 중국사람들이 자주 쓰는 표현들을 보면 괜찮네요还可以, 나쁘진 않네요不错, 그럭저럭 비슷하네요差不多 등이 있습니다. 그러니까 중국사람이 나에게 괜찮네요还可以, 나쁘진 않네요不错라고 했다고 그 말을 액면 그대로 받아들여서는 안됩니다. 내 상태를 고려해서 괜

찮다고 한 것일 수 있으니 다시 한번 그 말의 의미를 따져봐야 할 것입니다.

> ### 짜사이
> 중국사람으로부터 식사 초대를 받았다면 나름 좋은 관계가 형성되고 있다는 신호입니다. 식사자리에서 상대방의 체면을 세워주기 위해서는 음식 접시를 깨끗하게 비우면 곤란합니다. 만약 접시의 음식을 깨끗하게 비웠다면 자칫 상대방으로 하여금 자신이 준비한 음식이 부족했나?라는 생각을 할 수 있게 만들 뿐 아니라 나를 초대한 상대방의 체면을 깎아 내리는 행동이 될 수 있기 때문이랍니다.

Chapter 12.

명소와 문화

53

우리나라 사람들이 좋아하는 중국의 명소 TOP 9

첫 번째, 중국의 상징이라고 할 수 있는 만리장성长城입니다.

만리장성은 중국의 풍부한 역사의 상징이자 북부 지역을 가로질러 20,000Km 이상 되는 경이로운 건축물입니다. 참고로 만리장성은 한국인이 가장 가보고 싶은 세계 명소 TOP 10에도 들어가 있습니다. 기원전 7세기부터 기원 후 17세기까지 다양한 단계로 지어졌는데 주로 유목민들의 침략으로부터 중국을 보호하고 국경을 통제하기 위해서였다고 합니다. 만리장성과 연관된 재미난 표현이 있습니다. '不到长城非好汉'이라는 말인데요, 만리정성에 가보지 않으면 사내대장부가 아니라는 말입니다.

두 번째, 고궁故宮이라고도 불리는 자금성紫禁城입니다.

자금성은 명·청에 걸쳐 24명의 황제의 황실 거주지 역할을 했습니다. 500년 동안 엄선된 관리들만 출입할 수 있고 일반 대중들의 출입이 금지되어 있었기 때문에 자금성이라고 불리고 있습니다. 1912년 신해혁명에 뒤이어 중국의 마지막 황제인 푸이溥仪가 퇴위하면서, 자금성은 박물관이 되었으며 많은 보배와 진기한 물품들을 전시하고 있습니다. 중국 공산당의 정책이 완화되면서 지금은 중국인과 외국인 관광객 모두가 찾는 주요 명소 중 하나입니다.

세 번째, 서안西安의 진시황秦始皇 병마용兵马俑 박물관입니다.

병마용은 중국의 초대 황제 진시황秦始皇의 군대를 묘사한 실물 크기의 테라코타 조각 모음입니다. 그 장소는 1974년 지역 농부들이 우물을 파다가 발견했고 그 이후로 중요한 역사적 명소이자 유네스코 세계 문화유산이 되었습니다. 병마용은 진시황의 사후세계에서 황제를 보호하고 그의 불멸의 여정에 동행하기 위해 만들어졌습니다.

네 번째, 포탈라 궁布达拉宫입니다.

티베트 라싸에 위치한 포탈라궁은 건축적으로 경이롭고 티베트 불교의 상징이라고 할 수 있습니다. 이곳은 7세기부터 티베트 봉기 동안 14대 달라이 라마가 인도로 망명한 1959년까지 달라이 라마의 겨울 거주지였습니다. 관세음보살의 신화적인 거주지인 포탈라카 산의 이름을 따서 지어진 이 궁전은 유네스코 세계문화유산이자 티베트의 상징적인 랜드마크입니다.

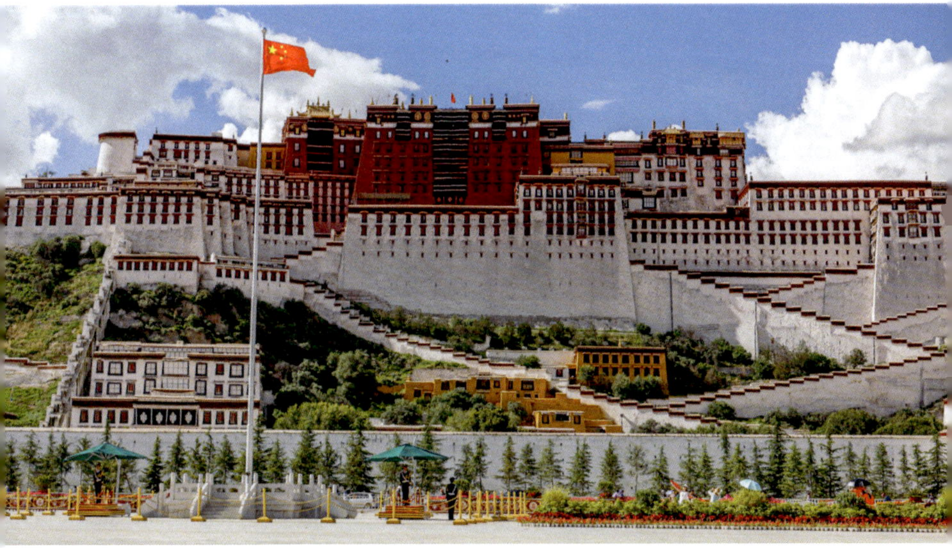

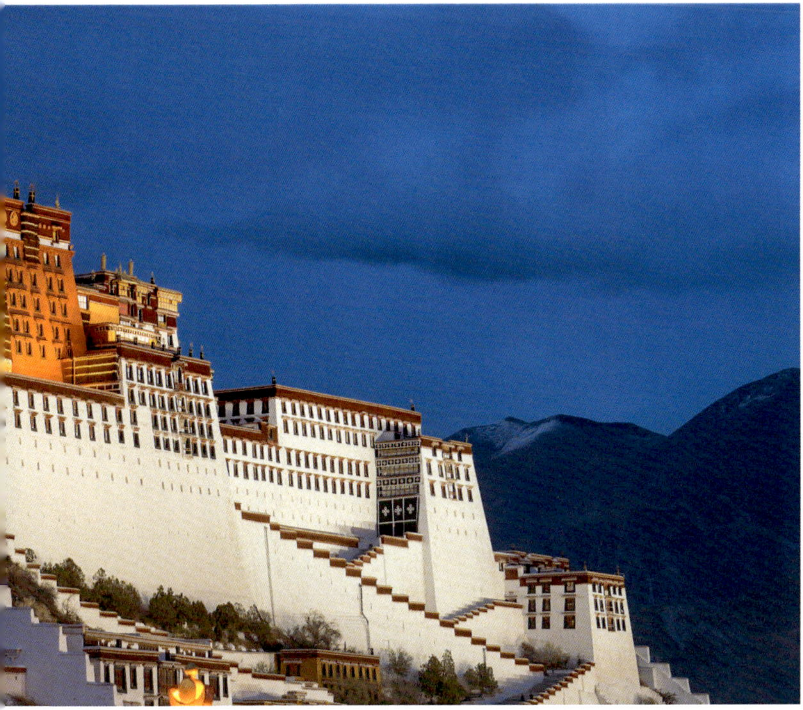

　다섯 번째, 장가계张家界 국가삼림공원입니다.

　중국 호남湖南에 위치한 장가계 국립산림공원은 놀라운 자연경관이자 유네스코 세계문화유산입니다. 이 공원의 가장 눈에 띄는 특징은 3000개 이상의 사암 기둥과 봉우리이며, 일부는 200미터 이상의 높은 봉우리도 있다는 것입니다. 독특한 지질 구조는 물, 얼음 바람의 영향을 포함하여 수백 만년 동안의 물리적인 침식에 의해 만들어진 것들입니다. 장가계의 경이로운 풍경은 제임스 카메론 감독의 영화 '아바타'에서 떠다니는 할렐루야 산에 영감을 주었다고 합니다.

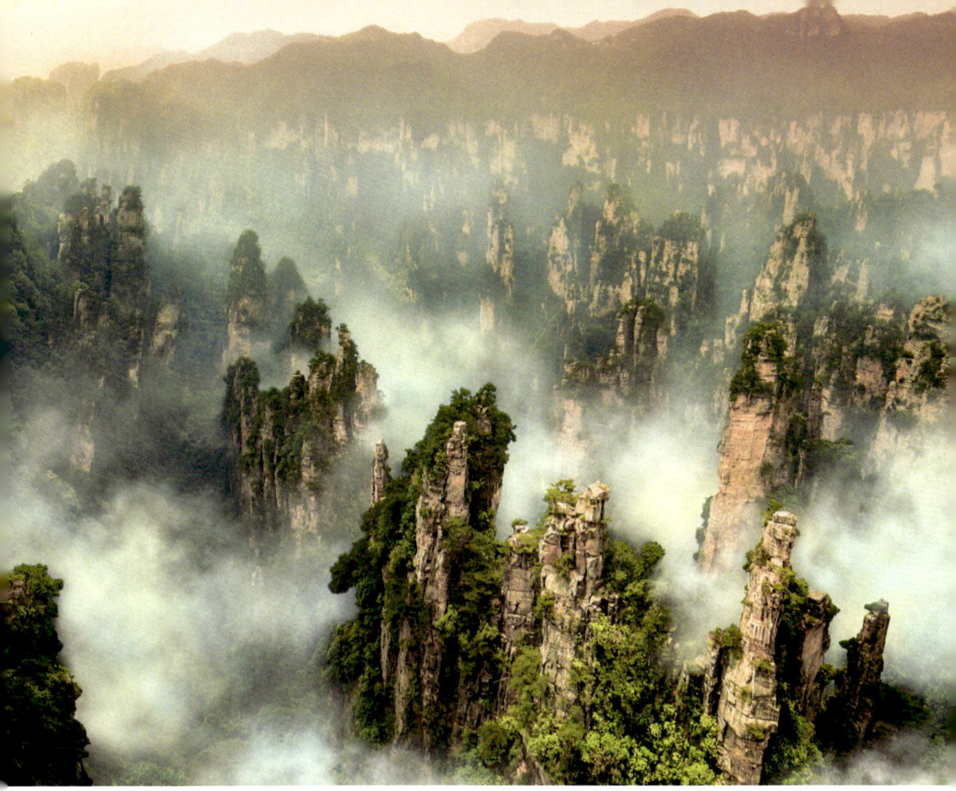

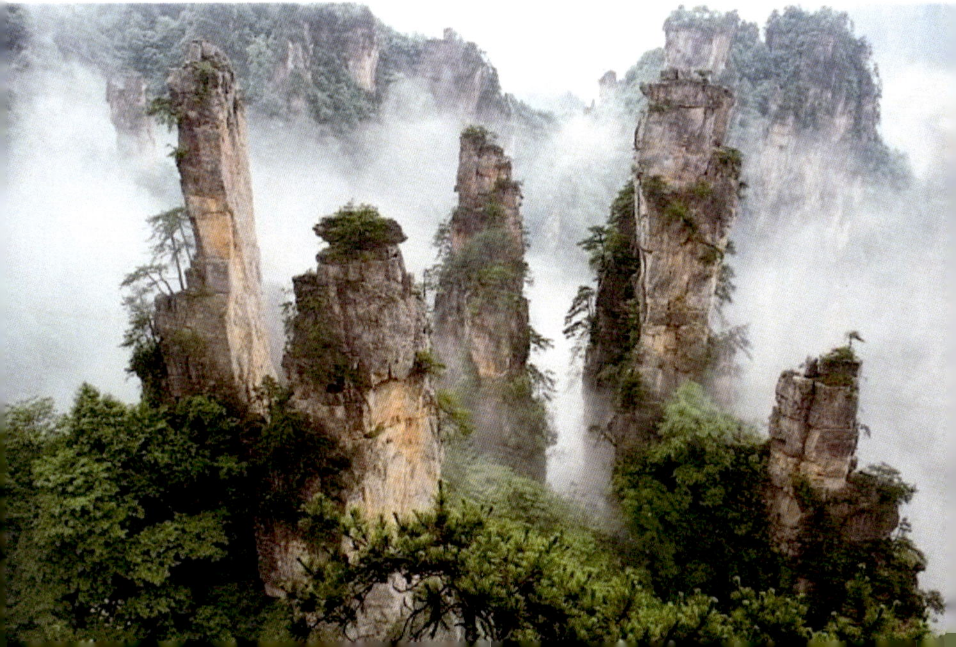

여섯 번째, 리강丽江입니다.

리강은 중국 광서 장족자치구의 계림桂林에서 양삭阳朔까지 약 83Km에 걸쳐 뻗어 있는 그림 같은 수로입니다. 놀라운 카르스트 풍경, 수정처럼 맑은 물, 그리고 목가적인 시골로 유명한 리강은 세계에서 가장 아름다운 강 중 하나로 여겨지며 중국 역사를 통틀어 수많은 시인과 예술가들에게는 영감의 원천이었습니다. 계림하면 빼놓을 수 없는 유명한 문구가 있습니다. "桂林山水甲天下"라고요. 계림의 산과 물은 천하제일이라는 의미입니다.

일곱 번째, 황산黄山입니다.

황산은 중국 동부 안휘安徽에 위치한 장관을 이루는 산맥입니다. 화강암 봉우리, 고대 소나무, 독특한 바위 층 그리고 끊임없이 변화하는 구름 바다로 유명합니다. 1990년 뛰어난 자연미와 문화적 중요성을 인정받아 유네스코 세계문화유산으로 지정되었습니다. 황산에는 70개 이상의 봉우리가 있으며, 가장 높은 연꽃봉우리는 해발 1864미터입니다. 황산은 봄, 여름, 가을, 겨울 계절마다 다 다른 자태를 뽐낸다고들 합니다.

여덟 번째, 구채구九寨沟 풍경구입니다.

구채구 계곡은 중국 남서부 사천성 티베트족 자치구에 위치한 국립공원입니다. 1992년 유네스코 세계문화유산, 1997년 세계생물권 보전지역으로 지정되었습니다. 구채구라는 이름은 '9개의 마을 계곡'이란 의미인데요, 이 지역에 흩어져 있는 9개의 티베트 마을에서 유래되었습니다. 구채구의 계곡은 광물의 높은 농도와 독특한 물 특성으로 인한 다양한 색상의 호수로 유명합니다.

아홉 번째, 성도成都 판다熊猫 연구기지입니다.

우리에게 익숙한 푸바오가 바로 자이언트 판다입니다. 1987년에 설립된 성도 판다 연구기지는 중국 사천성 성도에 위치해 있는데요, 자이언트 판다와 다른 희귀하고 멸종 위기에 처한 야생동물의 보존을 전담하는 비영리 연구 및 번식 시설입니다. 이 연구 기지는 자이언트 판다의 자연 서식지를 그대로 구현하여 자이언트 판다들이 살고 번식할 수 있는 편안한 환경을 제공해 준답니다.

50마리 이상의 자이언트 판다뿐만 아니라 래서 판다와 검은목두루미 같은 다른 멸종 위기 종들도 서식하고 있다고 합니다.

참고문헌

강윤옥, 『중국문화 오디세이』, 차이나하우스, 2009.

공상철 외, 『중국 중국인 그리고 중국문화』, 다락원, 2001.

김상균 외, 『사진으로 보고 배우는 중국문화』, 동양문고, 2012.

김태만 외, 『쉽게 이해하는 중국문화』, 다락원, 2011.

랑셴핑 저 이지은 옮김, 『부자 중국 가난한 중국인』, 미래의 창, 2011

박민수 외, 『중국어에 흐르는 중국문화』, 한국문화사, 2015.

박종한 외, 『중국어의 비밀』, 궁리출판, 2012.

변성규, 『중국문화의 이해』, 학문사, 2003.

서성, 『한 권으로 읽는 정통 중국문화』, 넥서스, 2005.

스위즈 지음, 박지민 옮김, 『중국, 엄청나게 가깝지만 놀라울 만큼 낯선』, 애플북스, 2015.

윤창준, 『문화를 알면 중국이 보인다』, 어문학사, 2019.

이욱연, 『중국이 내게 말을 걸다』, 창비, 2016.

이인호, 『중국 이것이 중국이다』, 아이필드, 2002.

장범성, 『신조어와 유행어로 이해하는 중국사회』, 차이나하우스,

2014.

정광호, 『중국? 중국!』, 시아출판사, 2003.

정인갑, 『중국문화.COM』, 다락원, 2003.

조정래, 『정글만리』, 해냄출판사, 2013.

주영하, 『중국, 중국인, 중국음식』, 책세상, 2000.

중국문화연구회, 『중국문화의 즐거움』, 차이나하우스, 2009.

중국을읽어주는중국어교사모임, 『지금은 중국을 읽을 시간』, 세그루, 2017.

황희경, 『중국 이유 있는 '뻥'의 나라?』, 삼성출판사, 2007.

KBS슈퍼차이나제작팀, 『슈퍼차이나』, 가나출판사, 2015.